Outdoor Books ⑦
フライフィッシング入門

The Fly-fishing Manual

林 彰浩・編集

確実に
魚を釣るための
ノウハウがぎっしり

山と溪谷社

Outdoor Books ⑦ フライフィッシング入門

CONTENTS

グラフ フライフィッシングの世界 津留崎健 4

PART 1 フライフィッシングとは 9

- フライフィッシングの世界 10
- フライフィッシングを構成する5つの要素 12
- フィールドと対象魚 14
- フライの種類と活用法 15
- タックルシステムとノット 16
- 釣行の計画と準備 17
- 釣りをする前の基本プロセス 18
- キャスティングの基礎知識 20
- ダブルホール 22
- メンディング 24
- リーチキャスト 25
- 渓流のポイント 26
- 代表的なポイントと攻略方法 28
- アワセとランディング 32
- 釣り場で役立つ豆知識 34
- コラム キャスティングにまつわるよもやま話 小野訓 36

PART 2 実践テクニック 37

- 実践へのアプローチ 38
- ドライフライフィッシング
  - ベーシックテクニック 小野訓 40
  - ロングリーダーシステム 里見栄正 44
  - フリーストーンリバーの釣り 林彰浩 46
  - イブニングライズ 漆原孝治 48
  - マッチ・ザ・ハッチ 渡辺訓正 50
  - 極細ティペットの釣り 林彰浩 54
- ニンフフィッシング
  - ニンフィング 里見栄正 56
- ウエットフライの釣り
  - ベーシックテクニック 杉坂隆久 60
- 湖の釣り
  - ベーシックテクニック 小宮圭介 64
  - ダブルハンドの釣り 杉坂隆久 66
- 管理釣り場の釣り
  - ベーシックな攻略法 小宮圭介 68
- コラム スクールで教える実践メニュー 小宮圭介 70

PART 3 タックル 71

- ロッド 72
- ロッドのパーツ 74
- リール 76
- フライライン 78

コラム タックルの選び方とこだわり 千葉琢巳 92

リーダーとティペット 79
ベストとバッグ 80
ウェイダー 81
ウエア 82
アクセサリー 84
メンテナンス 86
達人のベスト 88

PART 4 タイイング 93

タイイングの楽しみ 94
ツール 96
マテリアル 98
フック 101
タイイングの基本テクニック 102
テクニック上達の秘訣 104

タイイング実践編
CDCダン 106
アカマダラダン 107
クイルボディパラシュート 108
エルクヘアカディス 109
フェザントテイルニンフ 110
パートリッジ&オレンジ／コーチマンウエット 111

コラム 巻いて釣ることがタイイング上達のカギ 漆原孝治 112

PART 5 フィールドワーク 113

水生昆虫の種類 114
ハッチチャートを活用する 116
リアル・イミテーション 117
フィッシュ・ウインドウ 118
魚の生態 119

コラム 水生昆虫に対する釣り人のスタンス 林彰浩 120

PART 6 キャスティング 121

ロングキャストの秘訣 122
ロールキャスト 124
スラックキャスト 125
キャスティング・クリニック 126

メーカーリスト 130

大物とファイトする。ラインとロッドを通してイワナの躍動感が伝わってくる（長野・西野川／釣り人＝杉坂隆久）

フライフィッシングの世界

写真=**津留崎 健**

季節ごと、そして時間帯によっても変化する魚や虫たちの営みを考えながらフライを選び、流れに向かってキャスティング。フライフィッシングは自然との関わりが最も深い釣りといえる。緑に囲まれた清流に身をゆだね、魚と対峙する心踊る時間がいま始まる。

清冽な流れを前に、ロッドを振る。魚とやりとりしながら自然との対話を楽しむ（長野・千曲川）

警戒心が強い魚に気づかれないように、ポイントにそっと近づき、フライを落とす。胸の鼓動が高まる瞬間だ（宮崎・五ヶ瀬川支流鹿川）

優美な姿のヤマメ。パーマークと呼ばれる楕円形の模様をもつ

精悍な顔つきのイワナ。体に白い斑点がある

PART 1
フライフィッシングとは

タックルシステムやキャスティングの基礎知識を解説

魚がいるポイントを知ることも釣果を上げるためには大切(写真＝津留崎健)

PART 1　フライフィッシングとは　フライフィッシングの世界

フライフィッシングの世界

ラインが美しいループを空中に描く。魚を釣るというだけの遊びなのに、それはなぜか優雅で、気品があり、釣り人を魅了する。

フライフィッシングは、英国が発祥の地とされている。15世紀にジュリアナ・バーナーズという女性が、『Boke of St.Alban』という英国で出版された本のなかで書き残したフライについての記述が世界最古のものである。その後、17世紀にアイザック・ウォルトンとチャーリー・コットンによって書かれた『釣魚大全』によって世界に広く浸透した。そのようにして築かれたフライフィッシングの礎は、英国から米国に受け継がれ、そして日本でも多くの人々に支持されるスポーツフィッシングとして広まった。

日本にフライフィッシングが定着して、わずか三十余年でしかないが、その発展は目覚ましい。日本のフィールドに合わせた独自のタックルやテクニックの開発、水生昆虫の研究などが進み、それはすでに円熟期を迎えている、といっても過言ではないだろう。

美しいラインのループに気品や優雅さが見てとれるのは、そこに英国の伝統と歴史の重みが垣間見れるからなのかもしれない。

フライフィッシングの魅力

このような歴史をもつフライフィッシングは、いまでは一般的な釣りとして広く認知されている。楽しみ方もさまざまで、英国でつくられたスタイルや米国で確立されたテクニック、ファッションなど、各々が好きなテーマで、自分だけの世界を満喫することができる。

とりわけフライフィッシングでは、魚を釣る実践テクニックやキャスティング、タイイングといった構成要素に興味をもつことも多い。フライフィッシングをしていくうえで必ず行き当たるそれらの壁を克服するために、日々研究をすることもある。いつのまにかライフワークになってしまうほど、それは奥深く魅力的なものだ。

このように、フライフィッシングは魚を釣るという遊びながらも、無限の楽しみを提供してくれるものなのだ。

10

PART 1 フライフィッシングとは｜フライフィッシングの世界

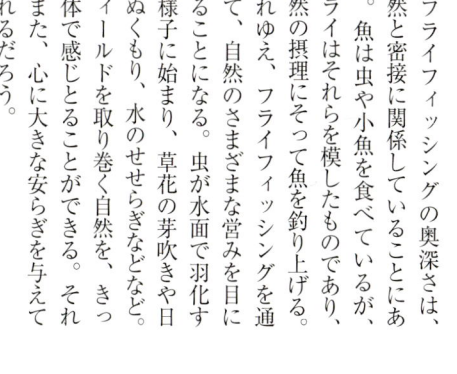

フィールドは緑豊かな自然。まるで風景画のなかに迷い込んでしまったような美しさがそこにはある

自然とふれあう楽しみも

フライフィッシングの奥深さは、自然と密接に関係していることにある。魚は虫や小魚を食べているが、フライはそれらを模したものであり、自然の摂理にそって魚を釣り上げる。

それゆえ、フライフィッシングを通じて、自然のさまざまな営みを目にすることになる。虫が水面で羽化する様子に始まり、草花の芽吹きや日のぬくもり、水のせせらぎなど⁝。フィールドを取り巻く自然を、きっと体で感じとることができる。それはまた、心に大きな安らぎを与えてくれるだろう。

フライフィッシングをやってみたいという憧れをもっていながらも、英国流の伝統的なスタイルやテクニックの難しさなどから尻込みをしてしまう人も多いだろう。

しかし、あくまでも魚を釣るというのがフライフィッシングの最終目標。自分のスタイルで楽しみ、自然のなかで休日を満喫することができれば、それがその人にとってのフライフィッシングの世界。堅苦しいイメージで受けとられやすいが、いつでも門は大きく開かれている。さあ、フライフィッシングの世界に踏み出してみよう。

PART 1　フライフィッシングとは　｜　フライフィッシングを構成する5つの要素

フライフィッシングを構成する5つの要素

ここでは、そんな楽しみを構成している5つの要素について説明しよう。それらはフライフィッシングの楽しみのなかでも独立した世界観を確立しているもので、突き詰めれば学術的な理論にまで行き当たるような奥深さを秘めている。それゆえ、その世界観を極めれば極めていくほど、フライフィッシングがよりおもしろくなるだろう。

しかし、重要なのはバランス。フライフィッシングを楽しむには、とりあえずそれらを広く浅く知り、体験してみることだ。そうすれば、フィールドの手ごわい魚を釣ることも、きっと容易になるはずだ。

フライフィッシングは釣りというレクリエーションのひとつだが、その楽しみ方はさまざま。フィールドで魚を釣るという元来の目的はもちろん、独特のフライラインを使ったキャスティングを極めたり、よく釣れるフライを作ったりと、多くの魅力的な要素で構成されている。なかでも、テクニックやタックル、タイミング、フィールドワーク、キャスティングといった5つの要素は、フライフィッシングを学び、知るうえで、重要な役割を担っているもの。それらが見事に調和してフライフィッシングという釣りを成立させている。

いろいろな要素から釣りを楽しむことができる。その結果が釣果となって現われる

① テクニック

テクニックとは魚を釣る技術のこと。釣るための手段であり、釣り方を指している。

フライフィッシングは、使うフライの種類によって、ドライ、ニンフ、ウエット、ストリーマーという、大きく分けて4つに分類できる。そして、それらのフライでどのように釣るかによって、その手段はさらに細分化されているのだ。

また、魚を釣る技術とひと言でいっても、多くの要素が含まれる。天候やフィールドの状況の判断や、ポイントの見極め、どのフライやどのタックルを使うかという選び方までもがそこに含まれている。

それらの多くの選択肢から、その日、そのフィールドに適した釣り方を見つけて、柔軟に対応することで、充実した釣果が得られる。

フィールドで魚を釣るのは、魚を追う釣り本来のおもしろさ

② タックル

タックルは、魚を釣るための道具。ロッドやリール、フライラインなどは、魚と釣り人を直接結びつける重要な役割を果たしている。

なかでも、ロッドの選択が肝心。魚をハリに掛けたり、フライラインを投げたりという機能は同じでも、モデルによって個性が分かれているので、どれを選択するかは悩むところ。最初は、万能性のある8フィート4番くらいのロッドを選ぶといい。テクニックの上達にも大きく影響するため、選択は慎重に。

また、ウェイダーやベストなども大事なタックル。それらの基本タックルを、釣りを始める段階で準備しておく必要がある。

こうしたタックルは、集めていくうちに、眺めて楽しむ至福も釣り人に与えてくれる。

道具を使いこなすことも楽しみのひとつ。収集家も多い

12

③ タイイング

もっと釣れるフライをと試行錯誤しながらのタイイング

タイイングとは、フライを作ること。一般的には「フライを巻く」と言う。

フライの多くは、外観からもわかるように、虫を模している。それらは魚が好んで食べている餌だ。フライ自体は消耗品で、フィールドの状況に応じて使い分けたりするためにも、フライボックスに数多く用意しておく必要がある。そのため、多くの釣り人が基本パターンに沿ったフライを、自分で作っている。

タイイングの上達への近道は、さまざまなパターンを数多く巻いてみること。同一のパターンばかりを巻くのでは、単調な作業となってしまう。タイイングに飽きてきた場合には、パターンを替えて気分転換してみるといい。

また最初は、ボディの長さやハックルの長さなど、バランスを重視して、それらしく作ることを心がける。タイイングはオフシーズンの楽しみにもなる。

④ フィールド・ワーク

環境を知ることはフライや魚を知ることの手がかりになる

ここでいうフィールドワークとは自然を知ること。それは魚のことだったり、餌となる虫のことだったり、さまざまだ。それらを深く知れば、フィールドでの釣りに役立つ。

とりわけ、フライの題材となる水生昆虫を知ることは、釣果に大きな影響があり、重要だといえる。それは、タイイングやマッチ・ザ・ハッチ（羽化する虫にフライを合わせる）というテクニックを筆頭として、多くの場面でとても役立つだろう。フライフィッシングは、自然を知ることで成立する釣りであることにも気づかされる。

また、水生昆虫を知ることは川の状態を知ることにもなる。水生昆虫は、その川の健康状態を表わす指標にもなっているのだ。

自然そのものが、フライフィッシングと密接に関係しているゆえに、釣りを通して学ぶことは多い。フライフィッシングによって、自然を学ぶ大切な機会を得ることもできる。

⑤ キャスティング

独特のラインを使ったキャスティングにも奥深さがある

ほかの釣り同様、フライフィッシングでも餌となるフライを魚がいる所まで投げるが、オモリを使わないのでキャスティングも研究するに値するほどの課題であり、大事な要素。この釣りでは、フライラインがオモリの役割を果たしている。そのため、ラインを空中に保持する、独特のキャスティング技術が要求される。

フライラインを遠くへ、正確にキャストすることは、オモリを投げることと比較すると、初めはかなり難しく感じる。しかし、美しいラインのループを作り、思い通りに投げられたときの喜びはまた格別なもの。

キャスティングの上達への近道は練習ではなく、まず実践。「あそこに投げれば魚が飛び出すかも…」という気持ちが、知らず知らずのうちに上達へと導いてくれる。

また、なぜラインが飛ぶのかといった理論を知っておくことも大切。正しいキャスティングと練習が、より遠くへ投げることを可能にする。

趣味の部屋で楽しみを満喫する

釣りのための部屋をもっている釣り人は少なくない。フライフィッシングをする人の場合、この傾向は特に顕著となり、そこでタイイングしたり、タックルを整理したりするといった具合になる。

フライフィッシングを始めてみると、いつしか圧倒的な物の多さになっていることに気づく。ロッドやリールはもちろん、ベストやウェイダー、さらにはタイイングマテリアルなどなど。とはえ、フライフィッシングは、部屋をもつことに値する、生涯を通したライフワークになり得る存在である。

タイイングでは鳥の羽などを扱うため、決まった部屋だけで作業をする方がいいという面もある。もちろん、部屋をもつというのはとても贅沢なこと。それらをいつでも取り出せるように整理しておきたい。タイイングのロッドやリールなどを整理したりするといった具合になる。

趣味の部屋は、時間を忘れられる贅沢な隠れ家

フィールドと対象魚

PART 1 フライフィッシングとは｜フィールドと対象魚

渓流
山間の谷が開けると、民家が現われるようになる。そこを流れるのが一般的な渓流で、ヤマメなどが棲息する。放流も行なわれる

源流
山岳部の源流は谷が狭まり、川幅がなく、水量も少ない。夏でも水温が上がりにくく、主に冷水を好むイワナが棲息している

海
川が注ぎ込む海もまた、絶好のフィールド。河口で狙うシーバスやメバル、船から釣るシイラなど、さまざまな楽しみ方ができる

中流
街を抜ける大きな流れが本流。川の中流域にあたり、川幅が広く、水量も豊富。対象になるトラウトも大型化したものになる

フライフィッシングを楽しめるフィールドは「渓流」だけではない。魚がいて、その魚が虫や小魚などを食べているのならば、この遊びは成立する。だから、源流から海まで、すべてのフィールドが対象となる。

川は湧水や山がたたえる雨水などを源として、最上流部で流れをつくりはじめる。その流れは、谷が狭まって落差がある山岳部を流れる「源流」となり、沢の流れを加えながら、谷が開けて民家が点在する地域を流れる「渓流」（集落を縫うように流れる場合は里川という）へと続く。さらに、市街地を流れるようになると、いくつかの渓流がまとまって流れは太くなり、川幅も水量も増した中流域の「本流」になる。そして、最下流部で「海」に注ぐのだ。

源流から海まで、流れはひとつにつながっているが、源流や渓流、中流ではそれぞれ棲息する魚が異なる。源流には最も冷たい水を好むイワナ。渓流にはヤマメのほか、イワナやニジマス、ブラウントラウト、ブルックトラウトなど、多彩な魚が棲息する。本流には大型のニジマスや海から遡上するサクラマスなどがいる。

ただし、昨今は放流によって少なくないでヤマメが釣れることも少なくない。また、湖にもニジマスやブラウントラウトが棲息している。それらのサケ・マスの仲間が主なターゲット。

このほか、コイやオイカワなどをフライで釣ることもできる。さらに、海でもシーバス（スズキ）やシイラを筆頭として、数多くの魚が釣れる。

フライの種類と活用法

ニンフ

ニンフの釣りでは、赤やオレンジなどのマーカー（目印）を付けて、上流側にフライを投げたり、流れをまたぐようにして、餌釣りのように腕を伸ばして釣る

ニンフは水中に沈むフライ。主にカゲロウやカワゲラなどの幼虫を模したものだ。固有の虫を忠実に模しているリアルなパターンもあるが、多くはどんな幼虫にも対応できる汎用性を備える。ウエイテッドというウエイト（オモリ）をハリに巻きつけてあるもの、ビーズヘッドという金色のビーズが付けたもの、アトラクター・ニンフというマラブー（ターキーの羽）を使ったものなどがある。

ドライフライ

ドライフライの釣りでは、多くの場合、流れの上流側にフライを投げる。フライをいかに虫のように自然に流すかが問われる。フライを目視しながら釣ることができるので入門向き

ドライフライは水面に浮くフライの総称。スタンダードやパラシュート、ウルフなどさまざまなパターンがある。基本的には、ダンと呼ばれるカゲロウの亜成虫を模したものが多く、水面あるいは水中で羽化した直後の虫を模している。羽が乾いて飛び立つまでの間は虫が身動きできず、魚にとっては捕食する格好のチャンス。それゆえ、虫の羽化の有無がこの釣りの釣果を左右する。

ストリーマー

ストリーマーの釣りは湖や海などで行ない、フライを投げては引っぱり、小魚を演出する。ウエーディングといって水中に立ち込んで釣るほか、ボートを使って魚を狙う方法もある

ストリーマーは小魚を模したフライ。湖ではワカサギなどを模したものとして使われる。それゆえ、小魚を餌とする大型の魚が対象になる。通常はシンキングラインという沈むラインと組み合わせて、沈めて使用する。また、弱った小魚を演出する場合は、フローティング（浮く）ラインとフローティングストリーマーの組み合わせにして、フライを水面で使用する。

ウエットフライ

ウエットフライの釣りでは、流れを横切って下流側に向けてフライを投げ、下流へ釣り進む。扇型にフライを流すスイングという特殊な流し方をして、魚にアピールする

ウエットフライは、ニンフと同様に水中に沈むフライ。さまざまなカラーリングのパターンが多いことから、かつてはルアーのような存在のものだとされていたが、昨今ではそのカラーリングも、水中で羽化するトビケラやカゲロウに存在する色であることがわかり、それらの虫を模したもの、と考えられるようになった。トビケラのさなぎが泳ぎながら脱皮する姿などを演出できる。

フライを大別すると、ドライフライ、ニンフ、ウエット、ストリーマーの4つの種類に分類できる。

ドライフライは、水面に浮くフライ。主に、カゲロウの亜成虫（幼虫）から成虫の姿に変わってすぐのものや、トビケラやカワゲラの成虫を模したもの。ほかにも水面に落ちたバッタや甲虫などの陸生昆虫を模したパターンもある。

ニンフは、水中に沈めて使うフライの一種。カゲロウなどの水生昆虫の幼虫を模したものだ。

ウエットフライも水中で使う。これまでは、ルアーのように色や輝きで魚を魅了するフライとされてきたが、水中で羽化した水生昆虫を模しているという説も定着しつつある。

ストリーマーは小魚を模したもの。その用途はさまざまだ。浮かべたり、沈めたりと、その用途はさまざまだ。

水生昆虫を模したドライフライやニンフ、ウエットフライは、源流や渓流、湖などで昆虫を常食としている魚に広く使用できる。また、ドライフライとニンフは、同じ虫の成長段階が違う状態を模したものも多く、そのときに応じて魚が好んで食べている虫の状態に応じて使い分けされることが多い。小魚を模したストリーマーは、湖や本流、海などで小魚を捕食する大型の魚を対象に使われる。

このように、フライは魚が食べている虫や小魚などに似せた疑似餌で、魚が食べている餌に合ったものを使う。そのため、そのときに魚が何を食べているのかを知ることが大切だ。

タックルシステムとノット

PART 1 フライフィッシングとは｜タックルシステムとノット

オルブライトノット

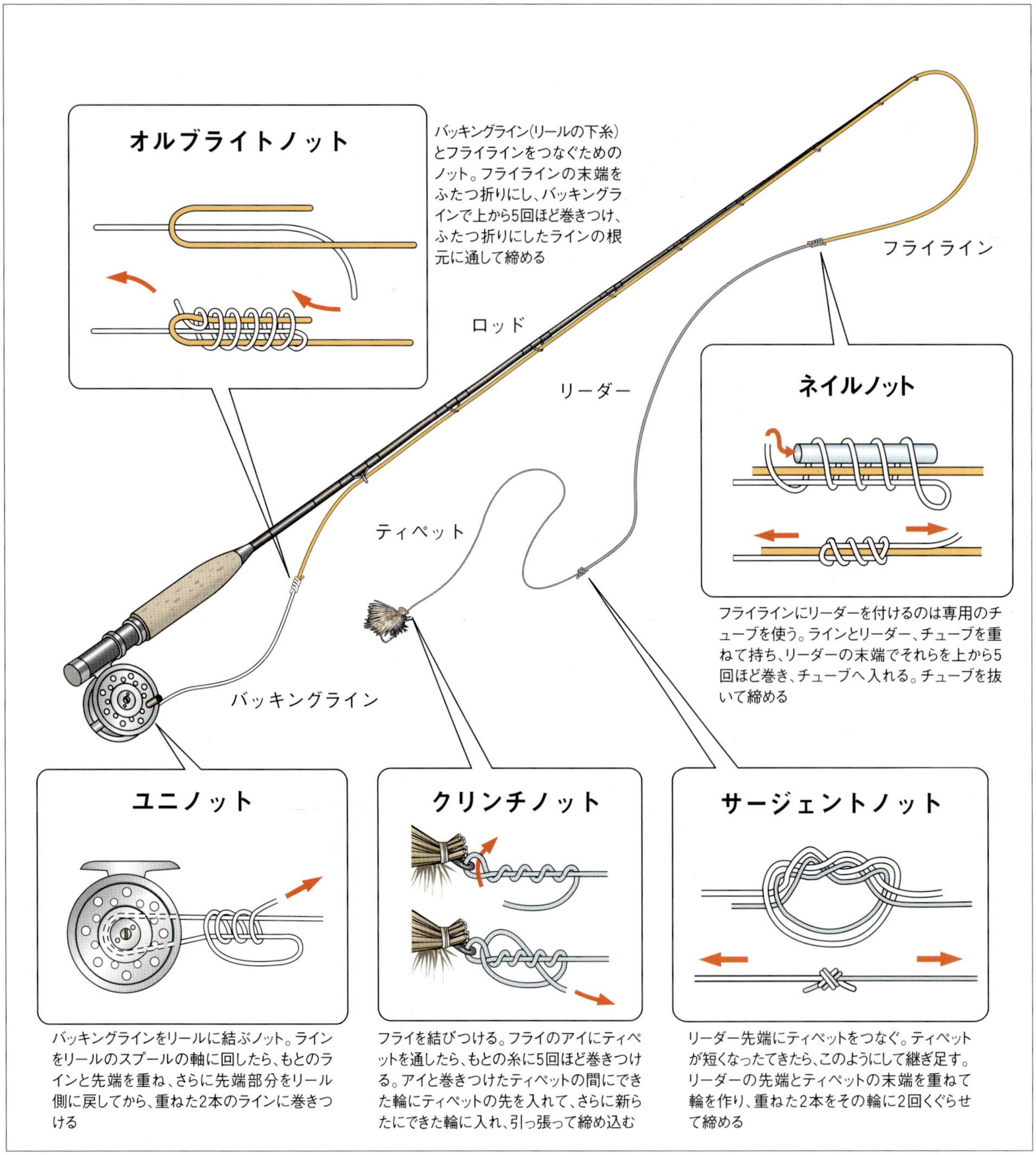

バッキングライン（リールの下糸）とフライラインをつなぐためのノット。フライラインの末端をふたつ折りにし、バッキングラインで上から5回ほど巻きつけ、ふたつ折りにしたラインの根元に通して締める

ロッド

フライライン

リーダー

ティペット

バッキングライン

ネイルノット

フライラインにリーダーを付けるのは専用のチューブを使う。ラインとリーダー、チューブを重ねて持ち、リーダーの末端でそれらを上から5回ほど巻き、チューブへ入れる。チューブを抜いて締める

ユニノット

バッキングラインをリールに結ぶノット。ラインをリールのスプールの軸に回したら、もとのラインと先端を重ね、さらに先端部分をリール側に戻してから、重ねた2本のラインに巻きつける

クリンチノット

フライを結びつける。フライのアイにティペットを通したら、もとの糸に5回ほど巻きつける。アイと巻きつけたティペットの間にできた輪にティペットの先を入れて、さらに新たにできた輪に入れ、引っ張って締め込む

サージェントノット

リーダー先端にティペットをつなぐ。ティペットが短くなってきたら、このようにして継ぎ足す。リーダーの先端とティペットの末端を重ねて輪を作り、重ねた2本をその輪に2回くぐらせて締める

フライフィッシングでもほかの釣り同様に、竿やリールといった道具が用いられる。しかし、英国発祥のこの釣りでは、釣具のなかでも、かなり特殊なものが使われている。

釣り竿はフライロッドといわれている。竿の末端にリールを取り付けるのが大きな特長で、糸を通すガイドにはスネークガイドというワイヤー状のものが使われる。リールはフライリールといわれ、ギア比は1対1が標準。ハンドル1回転で、巻かれているラインの外周およそ1周分の長さが巻き取られる。

フライを投げるための糸には、カラフルで太いフライラインという特殊なものが使われる。これはオモリの役割も担っていて、浮くものや沈むものがある。また、太いフライラインと小さなフライをつなぐための、テーパーのついたナイロン製の糸（リーダーといわれる）もこの釣り独特のもの。その先にはハリスになるティペットが付いている（別売のティペットをつけ足すことも多い）。

特殊なフライラインやリーダーといった糸をつなぐために、ほかの釣りでは使われないノット（結び）も用いられる。ただし、そのようなノットの使用頻度は高くない。覚えておきたいのは、リーダーとティペットをつなぐノットと、フライを結ぶノットだ。

ここに紹介する以外にも、ノットにはいくつもの種類があるのだが、最初はひとつのノットを確実にマスターして使った方が失敗も少ない。

16

釣行の計画と準備

フィールドは自然の川。そのため、季節や天候によって、状況は大きく変化する。釣りに行く前には、事前に情報を収集するようにしたい。

釣りに行く計画を立てる場合、ほかの釣りならば何を釣るのかという魚種の決定から始めるが、フライではトラウトが対象魚なので、フィールドから決めていく。どの川に行くかを決定することが一番大切になる。フィールドを決めるには、釣りの情報誌などを活用するといい。そのとき、周辺で釣りができる川がほかにあるかを確認しておこう。第2、第3候補まで立てることができれば理想的だ。

最も問題になるのが、川の規模と釣り方。それによって、持っていくタックルを厳選する必要がある。遠方の川に行く場合や初めての川の場合は、どんな状況でも対応できるオールラウンドな8フィート、4番のロッドを含めて持っていくこと。

また、フライの補充をしておく。現地ではフライを購入できないことが多いので、多めに用意しておこう。タイイングする場合は、ショップなどで行こうとしている川に必要なフライを聞いてみるといい。

そして天気を確認。釣行日の天気予報を見て、釣行日だけではなく、数日前からの天気が釣りには影響する（雨が続いた後は増水するなど）ので、それらを加味して決定する。さらに、水量や釣果などの詳しい情報は、現地の漁協に電話で確認をとろう。

用意するもの

タックル	ロッド リール ライン	ベストの中身	フライボックス フライ リーダー ティペット フォーセップ シャープナー クリッパー ピンオンリール フロータント シンカー マーカー ライト 偏光グラス 絆創膏 防虫剤 ゴミ入れ
ウエア&ウェイダー	帽子 ベスト ウェイダー ソックス タオル レインギア		

フライの補充

フライは、釣りに行った先では入手できないことがほとんどで、事前に用意しておく。現地にプロショップがあっても必要なフライから売り切れてしまう傾向がある。事前にフライの完成品を購入する場合は、店員に釣行日と川の名前、予算を告げれば、適したものを選んでくれる。タイイングできるなら多くの種類を用意しよう

ロッドの選択

ロッドは、使用するフライラインの番手によって異なる。そのため、何番のロッドで、どれくらいの長さにするかを選択する。基本的には川の規模や釣り方に応じて決定する。初めての川や遠方でほかの川へ行くことが予想される場合などは、どんな環境でも使うことができるオールラウンドな長さと番手のロッドを選ぶといい

天気予報

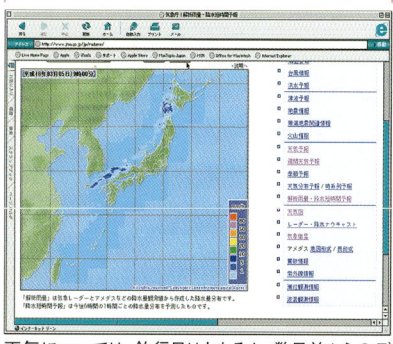

天気については、釣行日はもちろん、数日前からのデータをチェックする。例えば、釣行当日は晴れの予報でも、前日が雨、2日前が大雨の場合、当日はまだ川が濁っている可能性が高く、釣りができないほどの状況のこともある。ネットのライブカメラなどを活用して、現在の様子がどうなっているかを確認したい

周辺地図

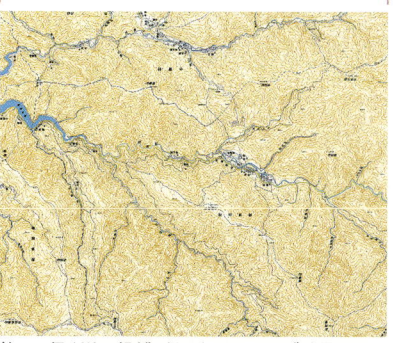

釣りに行く川の候補があがったら、まず地図を見てみよう。そして、移動できる距離内にあるほかの有望な川をチェックする。目的の川で釣りができないときのことを考慮して、ほかの候補を探しておくのだ。ほかの川への移動だけで時間を費やしてしまうこともあるので、いくつもの川が近くにある場所の方が失敗も少ない

情報収集

リアルタイムの情報は重要。雨で増水して川が変わってしまったり、放流した魚が釣りきられて今は釣れないといったこともあるからだ。電話で確認するなら現地の漁協がいい。アユ釣りの季節にはフライの規制があることも少なくないので、確認しておこう。ネットで確認する場合は、ホームページの更新日に注意すること

釣りをする前の基本プロセス

目的の川に到着したら、最初にすることは川の視察。川の水位の増減はないか、濁ってはいないかを確かめよう。また、現地の釣具店で入漁券を購入する前に、ここ数日の川の様子を聞いてみるといい。もし状況が悪くても、近くの別の川やポイントの情報が聞けることもある。

さらに、鮎釣り解禁の季節はフライの使用が禁止、または制限される河川も少なくない。多くは入漁券に明記されているが、そうしたことの確認も忘れずに。

さて、釣り場が決まったら、さっそく準備にとりかかる。まずはウェイダーやベストを着るといった身支度から。タックルの準備を後にするのは、ウェイダーを履くときにバランスを崩し、立てかけたロッドを折ってしまうような事故を防ぐため。また、通常、ティペットなどはベストのポケットに入れて行動するので、ベストを身につけて身支度してからタックルを準備すれば小物なども取り出しやすく、スムーズに一連の作業をすることができる。

続いてタックルの準備。キャスト中にティップ(先端)が抜けたり、リールが落下したり、ティペットの結び目が解けたりというトラブルが、熟練者であっても意外と多いので、確認しながら準備を進めたい。

川を観察する

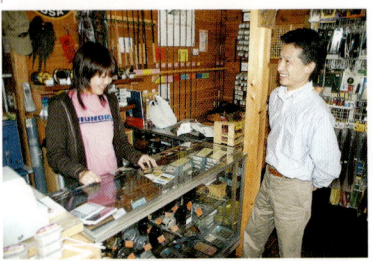

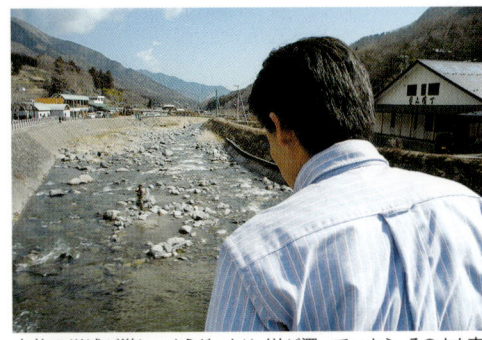

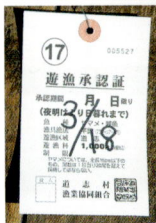

釣具店で入漁券(写真左)を購入するとき、どこでよく釣れているかなどの情報を得ることができる。早朝から釣りをする人のため、自動販売機で券を販売するところも多い。また現場で監視員から購入する場合は値段が割高になる

水位の増減が激しいようだったり、川が濁っていたら、そのまま車で別の場所へ移動する。運がよければ、橋から魚の姿やライズ(魚の捕食行動)を確認することもできる

身支度をする

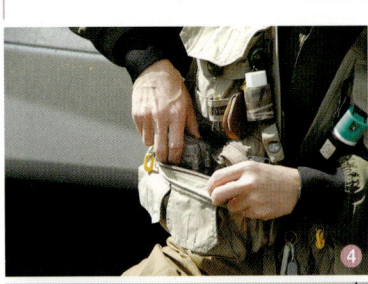

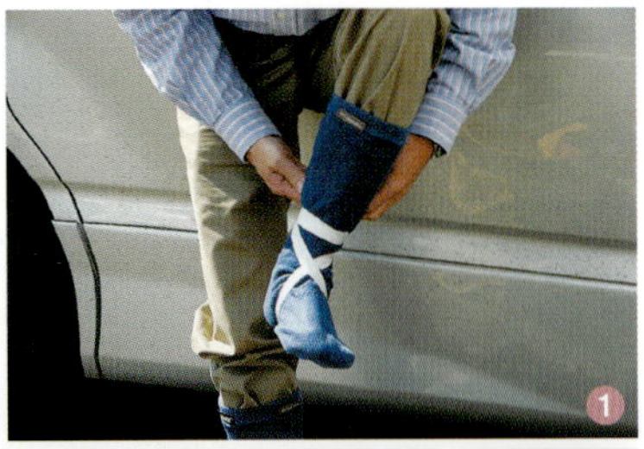

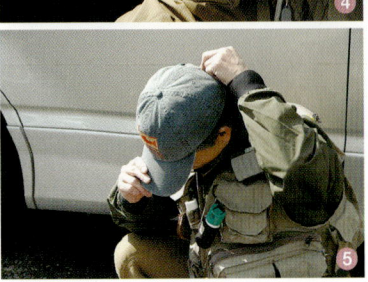

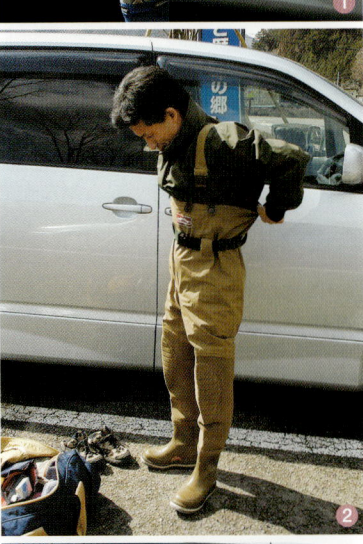

❶保温のためにソックスを重ねて履く。ウェイダーの中でズボンやソックスがずり落ちないようにテーピングするといい。❷ウェイダーを装着。サスペンダーをする場合は、フリースなどの中間着の上に(脱ぐことを考慮する)。❸ベストを着る。❹ベストの中身を確認。川に出ると車まで戻ることは少ないので、必要なものはすべて入れておくこと。車を離れる前にはペットボトルなどの飲料を背中などに入れておく。❺帽子をかぶって準備完了

入漁券は見やすい場所に

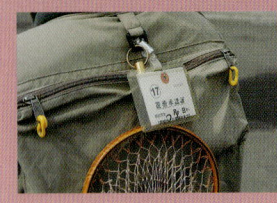

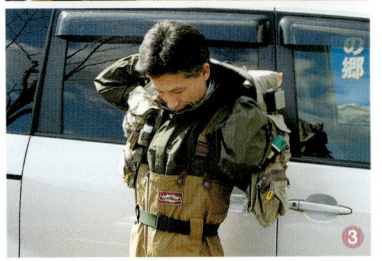

入漁券を購入しているかどうかを確認するため、監視員が川を見回りしている。入漁券は見えやすい場所に付けておこう。

基本のスタイル

準備を終えるとこのようなスタイルに。最後に偏光グラスをかければ準備万端だ。ベストには1日の釣りに必要なものがすべて詰め込まれている

ロッドを立てかけるときは

ロッドを置くときは、誰かに踏まれないよう、基本的に立てかける。そのとき、リールは末端にあることから、どうしても傷がつきやすくなる。ロッドの下に帽子を敷くなどすればその予防になる。

タックルのセット

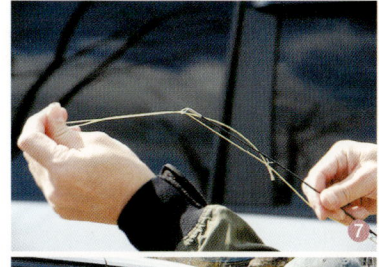

❶ロッドを継ぐ。❷グラファイトのロッドの場合、90度回転させた状態で軽くさし込んだ後、ひねってガイド位置を合わせる。❸ガイドがまっすぐになっているかを確認。❹リールを装着。❺リールからラインを引き出し、ガイドに通す。❻リーダーやフライラインの先は、手を離すと通したガイドから抜け落ちてしまう。フライラインを二つ折りにして通すと、折れた部分が広がって落下を防いでくれる。❼ティップからラインを引き出す。❽このとき、まっすぐ引き出すこと。角度をつけると折れることがある。❾リーダーを引っ張って巻きぐせをとる。❿ティペットを付け、フライを結べば完了。⓫リーダーが長いときは、フライをガイドに掛け、リーダーをリールの外周に回すといい

キャスティングの基礎知識

PART 1　フライフィッシングとは｜キャスティングの基礎知識

フライフィッシングのなかでも、優美で魅力的でありながら、最も大変だと感じるのがキャスティング。自分にもできるのかという不安から、これまでフライフィッシングを始められなかった人も多いだろう。しかし、基本さえマスターしてしまえば、キャスティングは決して難しくはない。ここでは、その基本となる投げ方を学ぶことにしよう。

フライフィッシングではロッドを振る角度が重要なため、まず大切になるのはグリップと呼ばれる握り方。さらにスタンスといわれる立ち方も、前後に振られるロッドの軌跡を保持するうえで気にとめておきたい。

グリップ

インデックス・フィンガー
人指し指をグリップの真上に置き、親指とほかの3本の指で支える握り方。渓流で多用されることが多い。近距離でピンスポットを狙った正確なキャストをする場合に重宝する

Vグリップ
サム・オン・トップの状態から親指を横にスライドさせ、親指と人指し指間をV字にする持ち方。リストの自由度が高くなる

サム・オン・トップ
握り方の基本。親指をグリップの真上に置き、ほかの4本で包み込むようにしてロッドを支える。キャスト時には親指で押すようにすることができて力を入れやすい

スタンス

ナチュラル・スタンス
基本の立ち方。肩幅くらいに足を開く。練習はこのスタンスで行なうといい。体を開く(ひねる)ことなくキャストをすること

クローズド・スタンス
右足を前方に出すことで、体が安定しやすい。近距離を正確に狙う場合に適している

オープン・スタンス
ロッドを持つ手が右手の場合、右足を後方に引くことで、バックキャストで体が開きやすくなり、後方のループを確認しやすい。遠投向き

ロッドの角度

まずはオーバーヘッドキャストから始めよう。これはロッドをまっすぐに立てた状態でキャストする。実践でも、キャスティングをマスターするうえでも、欠かせない方法だ。

ここで重要なのは、ロッドの延長線上にラインのループを展開すること。スリークオーターやバックハンドのキャストも実践で使う機会は多いが、斜めになったロッドと同一線上にループを展開することや、ロッドの直線移動を確認することが難しい。初心者の上達のためにはあまりおすすめできない。しかし、オーバヘッドなら確認が容易なので、失敗していることにすぐに気づく。

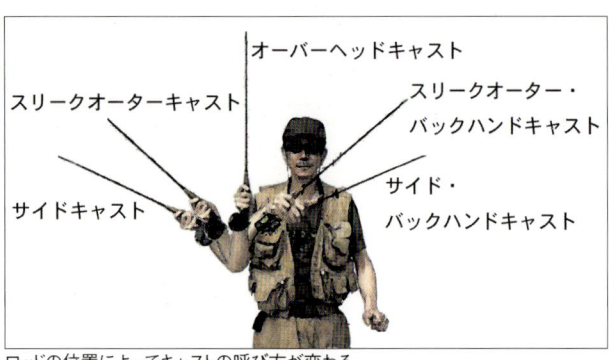
ロッドの位置によってキャストの呼び方が変わる

オーバーヘッドキャスト／スリークオーターキャスト／スリークオーター・バックハンドキャスト／サイドキャスト／サイド・バックハンドキャスト

ピックアップ・レイダウン

水面からラインを跳ね上げる動作をピックアップ、ロッドを下げてラインを水面に置く動作をレイダウンという。これはオーバーヘッドキャストの初歩段階。ラインを後方に伸ばし、前方にキャストするのだが、後方にラインが伸びたときにロッドがグンと引っ張られるような重さを感じとることが大切。ラインがループになって伸びるため、それが伸びるまでのポーズ(待ち時間)が肝心になる。後方は時計の11時、前方は3時の位置でロッドを停止させる。

❶ 水面にラインを伸ばして置いた状態。この練習は芝生の上で行なってもいい

❷ ピックアップ。ロッドを11時の位置でピタッと停止させるのがポイント

❸ ポーズ。このままの状態で待つ。ラインが後方に伸びていくとロッドに重さが乗る

❹ レイダウン。前方にキャストする。水面にラインを置く感覚でOK

20

バックキャスト	フォワードキャスト

❺リストをしっかりと閉じてバックキャストに入る。❻時計盤の1時の位置まで後方にロッドを振り、そこで停止する。❼ポーズ。ラインの重さが伝わると、後方に引っ張られる感じがする。このとき力を入れていないのでリストが少し開いた状態になる。❽ラインが伸びきった後、すぐにフォワードキャストへ移る。これを繰り返す

❶バックキャストでラインが後方に伸び、ロッドに重さが乗ったら、フォワードキャストに移る。ここでは時計盤の10時の位置まで、前方にロッドを振る。❷ロッドを停止すると、ループが発生する。❸ループがしだいに前方へと展開していく。❹ラインが伸びきった後、すぐにバックキャストに移行する

フォルスキャスト

空中にラインを保持するのがフォルスキャスト。これは前方に投げるフォワードキャストと、後方に投げるバックキャストで構成される。バックキャストはピックアップ・レイダウンとやり方は同じ。フォワードキャストではロッドを時計の10時の位置を目安にし、腕を倒し込まないようにする。ラインを空中に保持するのでロッドを素早く振った方がいいと思いがちだが、あえてゆっくりしたテンポで振った方が、ロッドを通じてラインの重さを感じとれる。ここで大切なのはリスト（手首）とロッドの間が開きすぎないようにすることと、メリハリをつけてロッドを停止させること。それらに注意すればきれいなループを作れるのだ。

前方は10時、後方は1時の位置を目安に。後方では自然とリストが開くため、1時を目安にしても2時近くまで倒れ、前後で同じ角度が保たれる。ラインを持つ左手は固定する

ダブルホール

フォワードキャスト

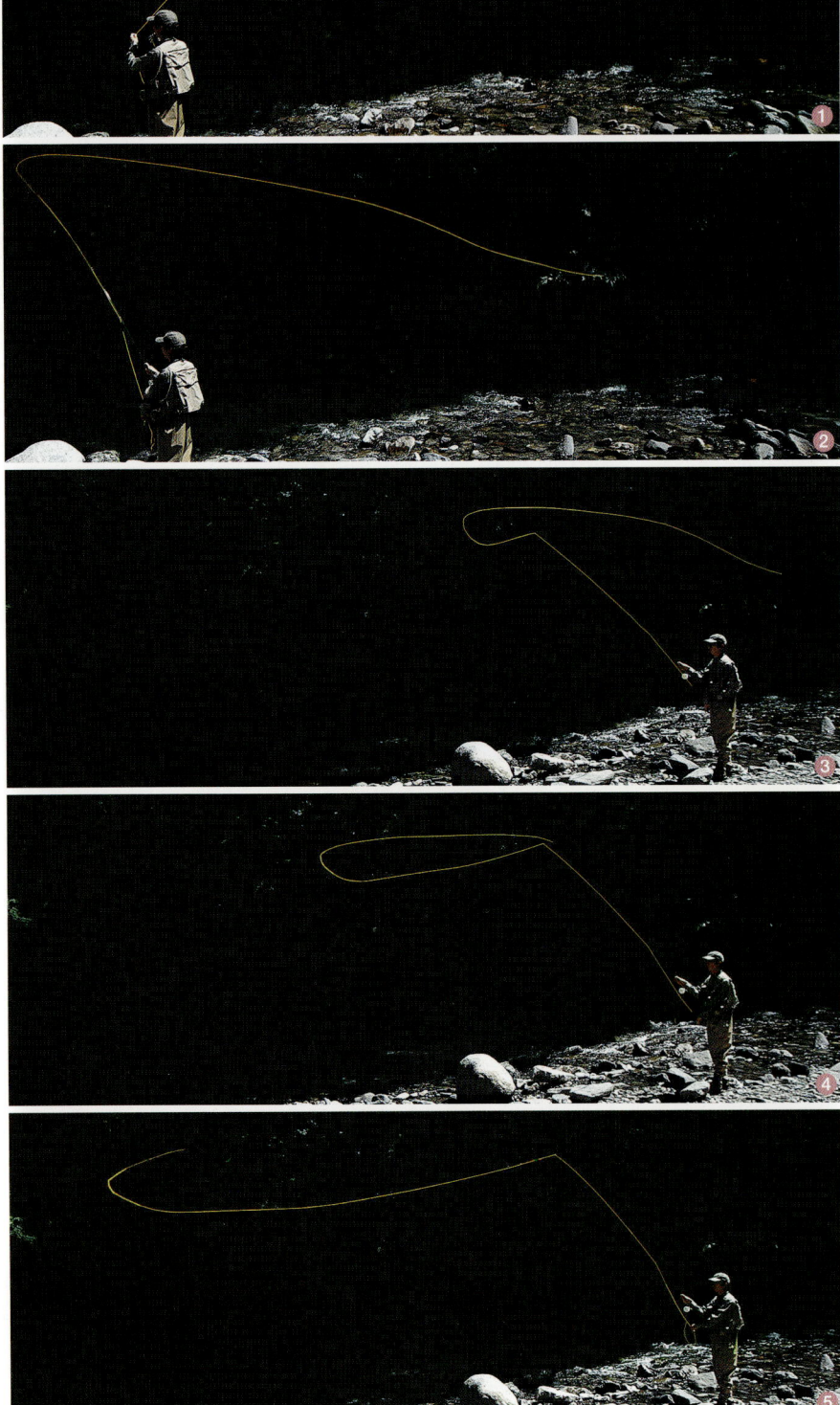

キャストを上達させるカギとなるのがホール。ホールとはフライラインを引っ張る動作のこと。バックキャストとフォワードキャストのそれぞれでホールを行なうことをダブルホールという。手順から見ると簡単なシングルホールという。手順から見ると簡単なシングルホールからの入門を考えがちだが、覚えることは同様のことなので、一気にステップアップしてしまった方がいい。

ホールの役割は、ラインを引っ張ってロッドに負荷を与え、より大きな反発力を得ることと、ラインにスピードを与えることにある。それによって、速いラインスピードとパワーを得たループが作れる。そしてロングキャストもできるようになるのだ。重要なのはラインをホールするタイミング。それさえつかんでしまえば、キャスティングのほぼすべての過程をマスターしたに等しい。当初は左右の手の動きがばらばらであわただしくなる面もあるが、フライフィッシングを楽しむためにはぜひひとも身につけておきたい。

バックキャスト

手の動きが大切

付属する人物をアップにした写真の❶と❷、❻と❼は、それぞれホールをしたもの。❶と❷はフォワードキャストでのホール。ロッドを前に出すのと同時に左手でラインを引っ張る。❻と❼はバックキャストでのホール。ロッドを後ろに移動するのと同時に左手でラインを引っ張る。つまり、右手のロッドを動かすときに、一緒にラインを引くのだ。ホールした左手を戻すタイミングだが、引いた直後に行なうとタイミングがとりやすいだろう。ロッドの延長線上（前方下方向）に左手を持っていってホールすると効果的。フォワードキャストでは斜め下手前方向に引くようにする

❶バックキャストでラインが後方に伸び、ロッドにラインの重さを感じたら、フォワードキャストに移る。❷ロッドを前に移動し、それと同時に左手を下げる。ロッドが最も曲がるときにさらにラインを引いて曲げ、反発する力を大きくする。❸距離を伸ばしたい場合は、フォワードキャストでループが伸びている間に、左手のなかのラインを滑らせるようにして少し送り出す。送り出す量が多いと失速するので注意しよう。練習ではタイミングをつかめるようにしたいので、15ヤードほどの長さで、繰り返し行なうのが効果的だ。❹左手でしっかりラインを握っていると、ループが前方に伸びはじめていく。このときに左手を戻す。❺ラインがターンオーバーするのを見極めて、バックキャストに移行する。❻ラインの重さを十分に感じながらバックキャストを開始する。❼ロッドを後方に移動するのと同時に左手を引き下げる。左手はやや前方で、ロッドの延長線上にあること。さらに、ここで右手のリストが開かないように注意したい。リストをしっかり閉めてロッドを引きつける。せっかくホールができても、フォームが崩れていてはスピードとパワーのあるループを作ることはできない。❽ロッドをしっかり止めるとループができる。ロッドの停止位置は1時を目安にし、リストを開きすぎないように注意しよう。❾ループが伸びるとラインの十分な重さが徐々に伝わってくる。この間に左手を戻す。一連の写真からもわかるように、左手を戻すタイミングはゆっくりでもOK。手元にスラック（たるみ）を作らないように気をつけよう。ラインが出ていこうとする力に合わせて手を戻していく。❿ここからフォワードキャストに入る準備をする。ラインがターンオーバーした直後にフォワードキャストに移行する。以上でフォルスキャスト1回分。この動作を3〜5回繰り返してシュートをする。繰り返すうちに狙うポイントとおおよその距離感をつかみ、フォルスキャストで繰り出すラインの長さの調整をする。なお、シュート時は決して力まずに。フォワードキャストの終了時に、左手のラインを離すだけのつもりで行なうといい。ラインがするすると伸びていくはずだ

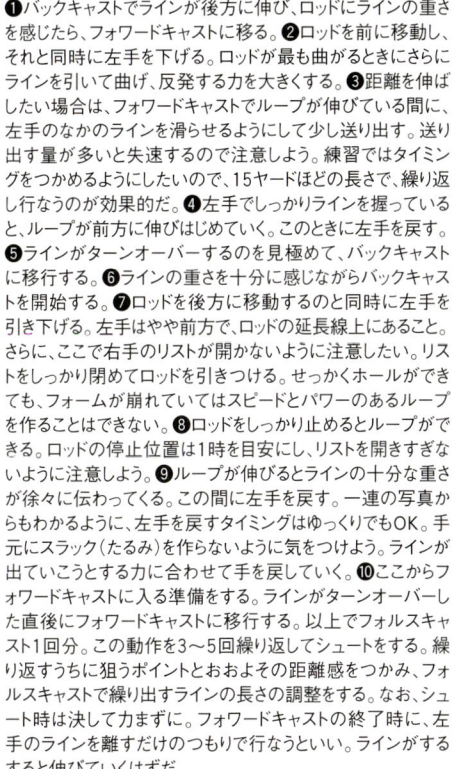

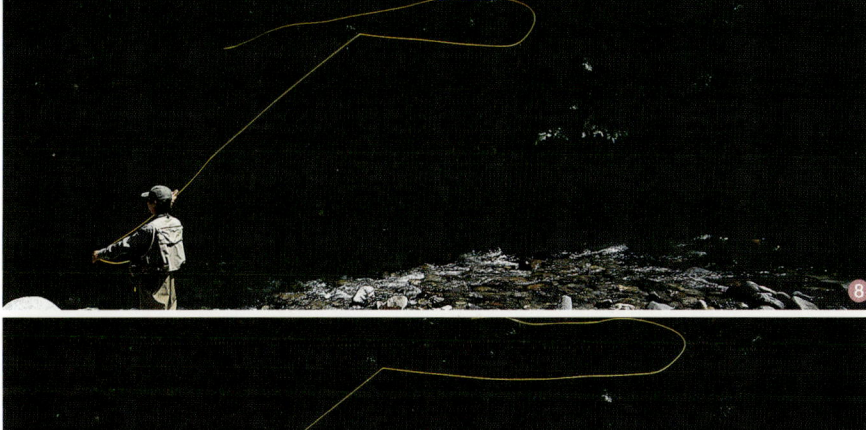

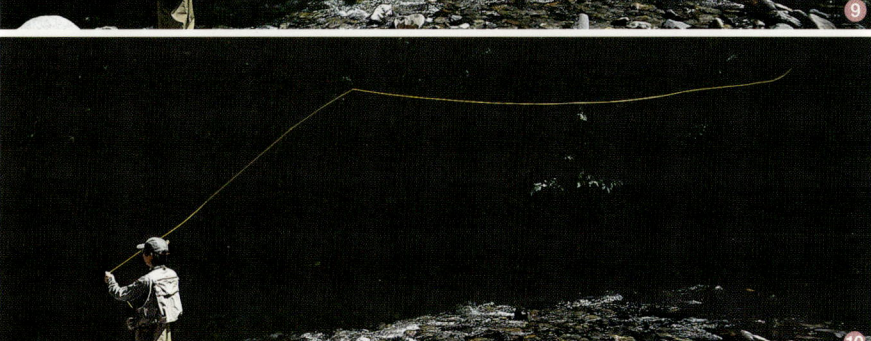

メンディング

PART 1 フライフィッシングとは｜メンディング

ドラグを回避

❶速い流れの部分だけ下流側にラインが膨らんでいる。このままだとフライが引っ張られて不自然に動き出してしまう。
❷手首をクルッと返すようにしてラインを打ち返す。下流側に膨らんでいた部分が上流側に移動。再び流れに引っ張られても、すぐにはドラグの影響を受けない。余ったラインのたるみは処理する

左上の写真のように、フライラインが流れに引っ張られてしまう現象をドラグという。ドラグがかかるとフライも引っ張られてしまい、自然に流れなくなってしまう。フライが不自然な動きをしているから、魚は虫ではないと判断する。このように、ドラグは釣れない要因のひとつなのだ。

そんなフライラインを上流側に打ち直し、フライがドラグの影響で動いてしまわないようにするのがメンディングで、ドラグを回避するためのテクニックだ。

メンディングの動作は単純で、引っ張られたラインをロッドの操作によって置き換えるだけ。引っ張られて右手方向に膨らんでいたら、左手側に半円を描くようにして移動させる。逆の流れでも同様で、膨らんだ方向と反対側にラインを移動させる。

このテクニックには、大別すると2通りの方法ある。写真のように手首だけでロッドを操作し、フライラインを返す方法と、腕全体を使って返す方法だ。手首だけで返す方が楽で、一般的といえる。

とはいえ、結果的にラインに流れの抵抗がかからなければいいことなので、メンディングのやり方は人さまざま。大きく1回で打ち直す人や細かく数回に分ける人、また引っ張られる箇所だけフリップ（ラインを跳ね上げる）で回避し、メンディングと同じ効果を得る人もいる。自分のやりやすいスタイルを見つけよう。

ロッドの操作

手の甲を裏に返すような動作で半円を描くと簡単。スタイルは自己流でもいいが、使用頻度が高いので必ずマスターしておこう

細かい修正。明らかに手前の小さな流れでドラグがかかっているときに有効な方法。フライがポイントを通過するまで何度か繰り返す

これは1回で大きく打ち直した例。大きく腕を動かすといい。幅広いゆるやかな流れでラインを修正するときに有効な方法だ

リーチキャスト

リーチキャストは、メンディングと同様、ドラグを回避するためのテクニカルキャスト。

通常は上流側にロッドを倒す。このときに腕のリーチ（長さ）を生かすようにして倒すと、まっすぐにキャストしたときよりも、手前のフライラインは上流側に余裕をもって置かれるので、ドラグがかかるまでの時間を稼げるのだ。利き腕側にロッドを倒すのをリーチキャスト、反対側に倒すのを逆リーチと呼んで区別している。

このリーチキャストの位置づけとしては、オーバーヘッドキャストをしてメンディングするという一連の動きを、ひとつのキャストに集約したものといえる。オーバーヘッドキャストと同様、ドラグを回避するキャストといっても特別な投げ方ではなく、オーバーヘッドキャストやスリークオーターキャストとの違いはない。フォワードキャストをした後、ラインがスルスルと出ている間に、体の右側か、左側にロッドを倒すだけ。

ただ、メンディングをすればドラグを回避できるので、問題はない。ひとつのキャストで済ませてしまえるので、覚えておくと便利だ。

必要に応じて、リーチキャストとメンディングを併用して行なうことで、よりドラグ回避への効果が高められる。

だから、このキャストができなかったとしても、キャスト後にメンディングをすればよいのである。

逆リーチキャスト

ロッドを体の左側に倒すもので、バックハンドの状態。倒す方向が違うだけなので、ロッドを倒しはじめるタイミングさえつかんでしまえば難しくない

リーチキャスト

❶通常通りキャストをする。フォルスキャストはオーバーヘッドキャストで、前のページで覚えたもの。❷シュート時のロッド角度はやや高めに設定。腕を前に突き出さない。このままシュートし、ラインをリリースする。❸ループが前方に伸びている間（フライが着水する前）に、ロッドを体の右側に倒す。腕の長さを活用するとより効果的だ。その後、ロッドを正面に戻せば、キャスト後にメンディングをしたのとほぼ同じラインができていることに気づく

リーチキャストの利点

左の（逆）リーチキャスト。写真のように右側が上流になっている場合に有効なキャスティング。シュートしているときに体の前でロッドを左に倒し込む

右のリーチキャスト。腕を伸ばしてロッドを体から遠ざける。写真の左側が上流になっている場合に有効なキャスティングになる

PART 1 フライフィッシングとは｜渓流のポイント

渓流のポイント

落ち込み
流れに段差がある場所で、流れの筋には白い泡が見える。壁に沿った流れは好ポイントに

ストラクチャー
コンクリートなどで造られた人工物も魚の隠れ家。人工物のつなぎ目やすき間をチェック

トロ場
淵を代表とする流れがゆるやかな場所。水深があるトロ場ほど魚がたまりやすい

石回り
格好の隠れ家で、流れのなかで魚が休憩をとる場所でもある。ポイントのなかの重要な要素

渓流といっても、川の景観は変化に富み、その流れは複雑。また、季節や天候によっても状況は大きく様変わりしてしまう。そんな渓流で魚を釣るには、渓流がどのように構成されているのかを理解することが必要だ。そしてまた、魚が好むポイントを見つけだすことが重要になる。

渓流を構成している代表的なポイントは、瀬と落ち込み、淵。それらがいくつも組み合わさり、連続して複雑に見える流れがつくられている。左に一枚の渓流の写真を取り上げた。この流れも規模や水深などに違いはあるものの、大別すれば瀬と落ち込み、淵で構成されていることがわかる。そして、そこに大石や巻き返しなどのさまざまな要素が加わることによって、一見したところ棲む水の流れをゆるやかな流れに、瀬の中の人石、落ち込み横の巻き返し、といった具合だ。魚が好むのは、そのようなひとつのポイントにいくつかの要素が加わった場所。大石などは魚が隠れたり、餌を穫ったりするのに格好の場所になるのだ。

さらに、魚を釣るためには、魚が棲む水の流れを知ることも大切。水温が低ければゆるやかな流れに、水温が高ければ速い流れにというように、魚の好みも変化する。渓流や魚、季節、それらすべてを総合したうえで、ポイントは決定されるのだ。

流れ込み

小さな流れが入ることで、流れに変化がついている。このような場所には魚がつきやすい

瀬

速い流れのポイントで、水温が上がりやすい。平瀬やチャラ瀬など、いくつかのタイプがある

巻き返し

速い流れに付随してできるゆるやかな流れの場所。餌がとりやすく、思わぬ大物が潜む

開き

落ち込みから続くゆるやかな流れ。白泡がなくなった場所で、春先の好ポイントになる

流れ出し&たるみ

川幅が狭まった所で、流れが再び速くなる。その横にはゆるやかな流れのたるみができる

代表的なポイントと攻略方法

落ち込み

しやすいポイントのひとつといえる。

段差のある落ち込みでは流れに白泡ができ、魚の隠れ場所になるばかりでなく、水中に酸素がたっぷりと溶け込んでいるので、シーズンを通して格好の棲み家になっている。落ち込みの規模や形はさまざまだが、白泡でつくられる流芯は、攻略しやすいポイントのひとつといえる。

ここで狙うのは、落ち込み横の巻き返しや流芯の白泡、白泡から続く緩流帯(流れのヨレ)、開き、そして流れが落ちる手前の肩。特に白泡から続く緩流帯は餌がとりやすいので、最も魚がつきやすい場所。狙いやすい所が密集したポイントがこの落ち込みだ。

段差があり、流れが一段落ちているポイント。落差によって白泡ができるので、その白泡周辺の緩流帯を狙うといい。流れの筋を白泡によって見極めることができるので、釣りやすいポイントだ

落ち込みの構造

落ち込みの白泡の下は深くなっていて、白泡がなくなるにつれて水深は浅くなる。魚は流れの筋に沿って流れてくる餌を捕食する。沈み石回りにも魚はつく

攻略方法

基本は白泡の終わる①を釣ってから、流芯横の緩流帯②と③にそれぞれフライを流す。④は巻き返しで、緩流帯を釣り終わった後で攻略。⑤と⑥は肩。再び①と同じ⑦を釣り、②と③に当たる⑧と⑨を釣る。②③と⑧⑨では流芯寄りと流芯から離れた場所で流れる速さが異なるので、それぞれ流してみて、魚がその日に好んでいる速さの場所を探す

関連したポイント

流れの筋
白泡の横や白泡が消えかかる所は水面がヨレている。ここが緩流帯。岩盤や水中の大石などの複合要素があれば、さらによいポイントに

肩
段差の上の肩は意外と見落とされがちなポイント。ここにいる魚を驚かすと落ち込みに逃げ込むため、ほかの魚まで警戒して釣れなくなってしまう

瀬

瀬は流れが速く、ゴロゴロとした石がある場所。水深や流れの速さなどでそれぞれ異なった呼び方がされており、深瀬や荒瀬、早瀬、平瀬、ザラ瀬などのタイプがある。

深瀬は水深があって底に大きな石がゴロゴロしている場所、荒瀬はさらに水面に突き出した大きな岩がある場所、早瀬は岩や石が荒瀬よりも小さい場所、平瀬は平坦な地形で小さめの沈み石がある場所、ザラ瀬は早瀬と平瀬の中間だ。どれもが多くの石で構成されているため、狙う場所を絞りにくいポイントといえる。

このようなポイントでは全体を広く見るのではなく、目につくものを拾って釣るようにする。例えば、水面に出ている石回りをひとつずつ釣るとか、沈み石を見て大きい石の回りだけを重点的に釣るといった具合だ。また、平瀬のように水面の変化が乏しく、さらに大きな石もない場合には、流れの筋を釣るようにするといい。

これは早瀬。水底は石や砂利になっていて、水面に大きな石が顔を出している。このようなポイントでは大きめの石の回りを攻める。その石に当たってできる流れも好ポイント

瀬の構造

瀬のなかでは、身を隠せる大きな岩や石に魚がつく。特に格好のポイントには、体格のいい魚が陣取るもの。目についたポイントだけを拾って釣る方が効率のいい釣りができる

攻略方法

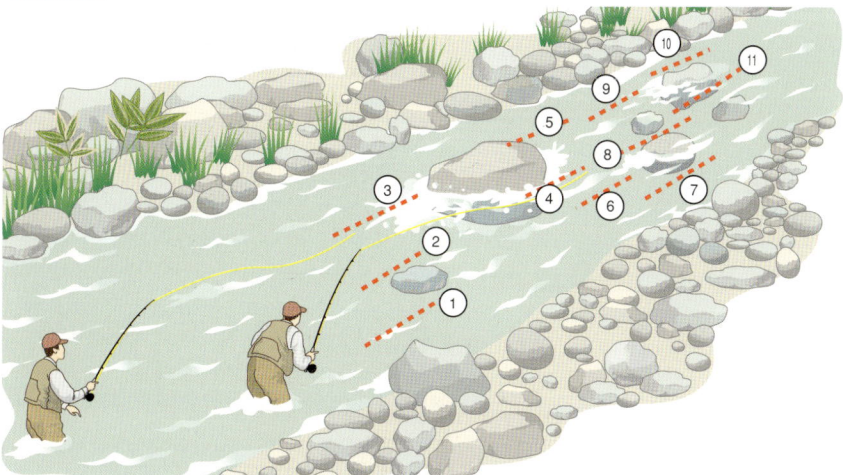

大きめの沈み石なら①②のように左右に分けて流す。③白泡ができている場合や小さな鏡のスポットもいいポイント。④石の横をなめるように流す。⑤石の前に魚がいることもある。やや大きな石があったら⑥⑦⑧、⑨⑩⑪というように、手前から順番に釣っていく。ドライフライの場合は、テンポよく釣り上がってしまおう。反応がなければ、そこで魚が出てくるのを待つのではなく、次のポイントを目指す

関連したポイント

石回り
水面に出ている岩や石の回りは格好のポイントで、そこに魚は隠れている。岩や石が大きい方が、魚のついている可能性も高くなる

複合した流れ
チャラチャラした流れはポイントを限定しにくく、釣りにくい場所。こんな場所では流れに変化のある、白泡ができている所をチェックするといい

淵・トロ場

淵やトロ場は流れがゆるやかで水深のある大場所。規模が大きければそれだけ多くの魚がたまっている可能性も高い。瀬は流れが速いポイントの代表だが、こちらは流れの遅いポイントの代表。流れがゆっくりなので魚はフライを吟味しやすく、日中はシビアな釣りを強いられることも少なくない。しかし、イブニングには姿を隠していた大物も現われ、釣りやすい格好のポイントになる。

淵やトロ場の一番のポイントは、流れ込みや流れ出し付近のような水が動いている所。できるだけ変化のある所を見つけて釣る。水面がフラットになればなるほど、魚の警戒心も高くなり、釣りにくくなる。ライズする魚の釣り方としては、ライズする魚の姿を見ながら釣るか、ニンフなどを深く沈めて釣るかに分けられる。渓流に釣り人が多く、ドライフライの釣りで釣り上がることもできない場合は、ここでじっくりと腰を据えて魚を狙ってみてもいいだろう。

ゆっくりとした流れのポイント。魚がたまりやすいのでぜひとも狙いたいが、日中の釣りはやや難しい。時間帯を選べば釣りやすくなるので、その時間だけ攻略するのも手だ

淵・トロ場の構造

淵には流れ込みと流れ出しがある。その箇所は水が動いているので魚もいつきやすい。また水深があるので、日中は深く沈んでいる魚も少なくない。大物が潜んでいる可能性は特に高い

攻略方法

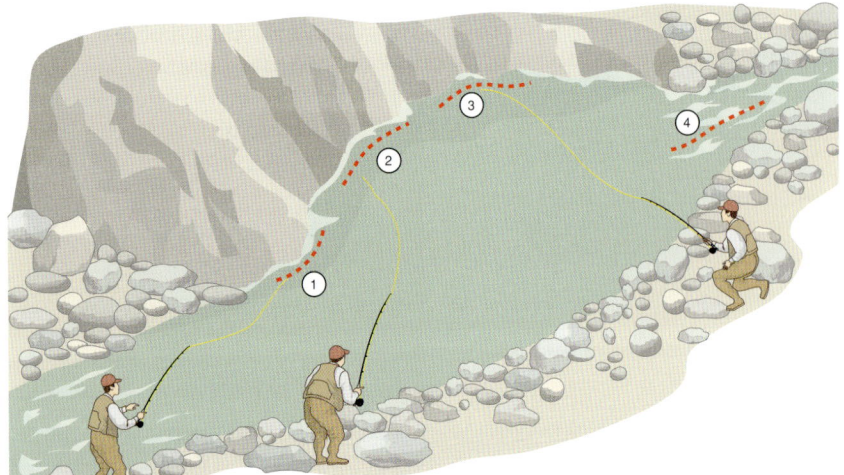

ドライフライの釣りでは、流れ出し付近から徐々に上流側に釣り上がる。①は流れ出し手前。浅くなっているので魚を驚かさないこと。②③は水面がフラットになっている場所。こんなポイントでは岩盤沿いを狙う。魚が見えることもあるので、注意して観察してみよう。ドライフライで魚の反応がなければ、ニンフを沈めてみる。岩盤がくぼんでいる場所は要チェック。④は流れ込み。流れの筋を狙うといい

関連したポイント

岩盤
フラットな流れでは、どこにでも魚がいるわけではない。このような場所では岩盤沿いで、さらにくぼみなどの変化のあるポイントが狙い目

水門
水門などのストラクチャーがあり、かつ水が動く場所があれば、絶好のポイントで、必ず魚がつく。さまざまなフライを試してみよう

堰堤

人工的に造られた堰堤も、魚の絶好の隠れ家になっている。特に深さのある大きなものなら、淵やトロ場のように魚がたまることも多い。人工物のポイントとしては、ほかに橋脚やコンクリート壁などがある。

堰堤のポイントは、大きく分けて2カ所。堰堤上と堰堤下だ。堰堤上は大きなプールになっていることが多い。水面がフラットになっているので魚の姿を見つけやすいが、魚がまったくいないことも多いのでチェックすること。堰堤下は一級のポイントで、白泡のなかに魚がたまっている。白泡は堰堤に沿って横に長くできる。そこにはいくつもの流れができるのだが、そのひとつひとつすべてポイントになる。

また堰堤の両脇にできる巻き返しもいいポイントだ。巻き返しでは魚が下流側を向いていることも少なくない。水面がフラットになっている場所で魚から人の姿が見えやすいので、アプローチ時には注意したい。

コンクリートで造られた堰堤。手前に見える階段状のものが魚道だ。これを利用して魚は移動する。堰堤下の白泡の流れをひとつずつ釣るのがセオリー。たくさんの魚が隠れている

堰堤の構造

堰堤の下は深く、魚がたまりやすい。その先にはなだらかなカケアガリがあり、流れ出しへと続いている。また、堰堤上はプールになっていることも多く、そこにも魚がたまる

攻略方法

①まずは手前の流れ出し付近から狙う。ここは堰堤を釣るときの立ち位置になる。フライを流してから、そこに立つ。
②堰堤の白泡の筋をひとつずつ釣っていく。カケアガリになる部分から徐々に白泡の方へと釣り進む。白泡にフライを入れて流し、それが消える辺りで魚が掛かることが多い。白泡でフライを見失わないこと。最後に③の巻き返しを釣る。ゴミがたまっていたら、そこが好ポイント

関連したポイント

カケアガリ
白泡が消える辺りで水深が浅くなる。それがカケアガリ。ここで魚は餌を待っていることが多い。白泡からフライを流すとそのポイントで魚が掛かる

橋脚
道路や鉄道の橋脚回りも水深があって魚がつきやすい。ここでは橋脚ぎりぎりにフライを流すといい。橋脚の左右それぞれをていねいに狙ってみよう

アワセとランディング

PART 1　フライフィッシングとは｜アワセとランディング

魚をハリに掛けて取り込む。それがアワセとランディングだ。わかっていたつもりになっていて、最後の最後に魚を取り逃がしてしまうことも多い。失敗を繰り返さないために、最後の詰めとなるアワセとランディングをしっかり覚えておこう。ここでは、ドライフライの釣りを例にして話を進めよう。まずはアワセ。魚がフライに出たらロッドを立ててアワセ、魚をフックに掛ける（フッキングという）ようにする。ただし、強すぎるアワセは、アワセ切れを起こす（ティペットが切れてしまう）ので、フライが少し動く程度に、ソフトに行なうのが原則だ。このとき、ラインにスラックが多いと、いくらロッドを立ててもフライが動くことなく、アワセができないので注意。魚が掛かれば、心地よい重さがラインを通して伝わってくる。

そして、ファンディング。ポイントになるのはフライラインをホールドすること。グリップを持つ手で、しっかりラインを押さえる。イメージトレーニングをしておけば、失敗は軽減するはずだ。魚の取り込み時に、リーダーの結び目も気になる点だが、それもガイドに引き込んでしまう。取り込んだら、手早くフックをはずしてリリース。ダメージを少なくすれば、魚はまた楽しませてくれる。

アワセ

ロッドを立ててフッキング（ハリ掛かり）させる。力は必要なく、フライがやや動く程度でもしっかりとフックは刺さる。魚がのらない（フッキングしない）場合は、アワセのタイミングをずらしてみる

指でラインをホールド

魚の引きが強いときは無理にラインを引っ張らず、ロッドの弾力を利用して魚が弱るのを待つ。ティペットなどが切れそうなときは、指でラインを滑らせるようにして送り出す

ファイト中は右手の指でラインをホールドする。魚を寄せるときも、ラインに右手の指をかけたまま滑らせて、左手で垂れ下がった部分のラインを引っ張る

大物のときはリールでファイトする。これなら足元のラインでトラブルになることもない。ラインをかたよって巻かないように注意しよう

PART 1 フライフィッシングとは　アワセとランディング

魚が近づいてきたらロッドを高く上げる。これは魚の顔を水面から出させるため。魚の口が水面にあればOK。魚は酸素を吸うと暴れなくなるのだ。いったん魚が近づいてきても、人の存在を知るとまた逃げようとすることが多い。最後まで気を抜かないこと

リリース

フックだけをつかんでリリースすれば、魚体に触れないので魚のダメージは少ない。魚は人の手の体温でやけどをするといわれる

ネットから手で魚を出してリリース。このとき、事前に流れで手を冷やしておくようにし、魚のダメージを最小限にとどめる。これは釣り人のマナーだ

ランディング

ネットがない場合は、リーダーを軽くつかみ、手のなかを滑らせながら魚の口元のフライをつかむ。そのままフライをはずしてリリース

ネットをあらかじめ水に入れておき、ロッドを操作して頭から導き入れる。尾側からすくおうとしないこと。ネットは目の細かいものを使うといい

釣り場で役立つ豆知識

トラブルを防ぐコツや安全に川を渡る方法など、フィールドで快適に釣るためのちょっとしたノウハウを紹介

ラインドレッシングで快適に

自宅で手入れをするのは面倒。フィールドで手早く済ませてしまった方が簡単

シュートしても飛距離が出ないとか、フライラインに浮力がなく、流れにもまれやすいなどの場合には、ラインドレッシングを施したい。これはフライラインの表面保護剤。釣り場で使うのなら、リキッドタイプのさらりとしてべとつきがないものが手軽でいい。もっとも、飛距離が出なくなったりする前に、あらかじめドレッシングをしておいた方がいい。

リーダーの交換は手早く

基本的に、リーダーはネイルノットで結んだ方がいいのだが、このノットはいささか面倒。そこで、リーダーがすぐに交換できるように、フライライン先端に取り付けるリーダーリンクなどを活用しよう。市販されているもので、釣具店で購入できる。これらはリーダーのバット部に結び目を作ったり、ループを作ることで、簡単に取り付けできるようになる。

ただし、破損や取り付けミスがあると、魚が掛かっても、リーダーごと持っていかれてしまうことも。また、リーダーは使う前にしっかりと巻きぐせをとるようにしたい。コイル状になる独特の巻きぐせによって扱いにくくなるばかりでなく、ドラグの原因にもなってしまう。

右がリーダーリング。結び目を作るだけで連結できる。左はブレイデッドのループとそれを留めるチューブ

●くせ取りは忘れずに

巻きぐせのあるリーダーは両手でぎゅっと引っ張って伸ばす。ジワッと戻すのがポイント

水温は川のコンディションを知る目安

川に着いて釣りはじめる前に、周りの情報からその日のコンディションを知って、作戦を立てることも大切。例えば、水温ひとつ見ても、魚の活性や、水生昆虫の状態など、多くのことを知ることができる。さらに、チェックしたことをデータとして蓄積すれば、今後の釣りに役立てることも可能だ。面倒と思わずに、実践してみよう。

水温を測る時間はほんの1〜2分。その数値からいろいろなことがわかる

ノットは湿らせてから絞り込む

ノットをしっかり作っておけば、大物とのファイトのときも安心

ナイロン糸同士の結び目は、しっかり結べていないことも多い。硬いナイロンの場合は、それが顕著に現われる。また、最近の極細のティペットも、ノットを締め込んでみるとヨレてしまったり、からんで結べなかったりということが少なくない。そんなときは、ちょっと湿らせるだけでもかなり違う。軽く結んだ後、ツバなどをつけて絞めるといい。

入渓点を把握しておく

川へ出入りできるポイントに目印などを見つけて把握しておくことが大切

初めて訪れる川では、入渓する場所（入渓点）がどこにあるのか戸惑う。里川であれば、橋の近くに踏み跡を見つけられる。注意したいのは川からの出口。谷が深い川では、出口が何kmも先なんていうこともある。戻った方がいいのか、先に進めば出口があるのか、迷ったまま暗くなってしまうことも。そうならないように事前に出口を確認しておこう。

魚に警戒心を与えないことが肝心

魚にも目や耳があり、外敵に襲われないように常に周囲を警戒している。また、1尾の警戒心がほかの魚にも伝達される。1尾逃げただけで、たくさんの魚が釣れなくなってしまうのだ。

だから、釣り人は魚に気づかれないような注意が必要。何気なく川岸を歩いてしまうと、人の姿は魚から丸見えで、足音まで伝わっていることも少なくない。川岸を歩くときは、流れから必ず1〜2mほど距離をおこう。熟練者になるほど、気づかれないための行動は徹底している。

日本には古くから「木化け」や「石化け」といった言葉がある。これは人の気配を消し、木や石に同化するというもの。そこまでする必要はないものの、魚に近づくためには木や石をおおいに利用した方がいい。魚に姿を見せない工夫も大切なことなのだ。

さらに、川ではかがむことを習慣づけよう。姿勢が低ければ、川から距離をおくのと同様で、魚に見つかりにくくなる。

身を隠す術を知っていれば魚により近づくことができる。近距離ならフッキングしやすくなる

●移動は川から離れる

ロッドを出さないときは川から離れて移動する。驚かさなければ岸近くにも魚は数多くいるもの

川石は丸く、滑りやすいことも多いので注意。また歩くときはあまりザブザブと音を立てない

川を渡るには

川を渡るには細心の注意が必要だ。もし転倒してしまったら体を石にぶつけることもあるし、ウェーダーの中に水が入ったら立ち上がることもままならなくなってしまう。

渡渉していて、流れが強くてバランスが取りにくい場合には、ロッドを下流側の手で流れと平行にして持ち、ティップを流れに浸けたまま、ゆっくり移動するといい。

川を横切って対岸に渡る場合は、到着する地点を出発地点よりもやや下流側に設定する。これは流れに押されることを考慮してのこと。真横にまっすぐ進むよりもずっと楽に渡ることができる。ただし、渡渉するコースを設定するときには、白泡になった強い流れを避けて、流れが弱いと思える場所をしっかり選ぶこと。また、偏光レンズで水深や川底の様子を確認しておこう。そして、ラインのトラブルを避けるために、フライをロッドのフックキーパーに掛け、余分なラインは巻きとっておく方が賢明。

早瀬などで、ドライフライを楽しみながら川を渡ることも少なくない。そこでの渡渉は危険が少ないため、フォルスキャストをしながら上流に向かって歩く。キャストしながら移動することによってフライも乾いてしまうのだ。

水深がある場合は特に注意が必要。しっかりと足を置く場所を確認しながら一歩ずつ進む

●フォルスキャストが役立つ

ポイントからポイントまでの短距離の移動ならフォルスキャストを続ける。これはフライを乾かす目的

フライが木にかかってしまったら

ラインを引き抜きながらトップガイドをフライまで持っていき、ガイドで押してはずす、というのがこれまでの定説。しかし、これではロッド・ティップを折る危険性がある。手が届かなければ、ラインを引っ張ってティペットを切ろう。

折れる可能性があるのでティップで突かないように

PART 1 コラム 釣り人インタビュー①

釣り人インタビュー① 小野 訓
キャスティングにまつわるよもやま話

狙った場所へ正確にフライをプレゼンテーションする

最初は魚が釣れなかった

僕がフライフィッシングを始めた30年ほど前は、まだルアー&フライのショップも少なかったですね。そのころ、ショップっていったら、関東と関西に少し。ほんとに数えるほどしかありませんでした。僕の田舎の秋田ではフライの道具などは売っていなかった。皆無。当時、僕は大学生で、東京に来ていたから、運よく道具を手に入れられましたけどね。で、その道具を持って帰って、秋田でやってみたんですが、これがまた釣れませんでした。それまで経験していた餌よりもルアーよりも、まるで釣れなかったですね。ものの本によれば、テンカラとは違って、ラインを繰り出すキャストができるから、遠くまで釣れるはずなのに、4～5ｍの餌釣りの竿と同じような距離しか投げられない。それじゃダメなんだと気づいて、それからキャスティングの練習をしたのは、魚が釣りたい一心でしたから。

最初は独学で、毎日、毎日、空き地でロッドを振っていました。30年前のことだから、周辺の人から見れば、相当異様な光景に映っていたでしょうね。ショップのスクールなんかも受けました。それでようやく投げられるようになりました。投げられるようになってからは、やっぱり魚も釣れるようになりましたね。関東よりも秋田の方が圧倒的に魚が多かったので、学校が休みのたびに、秋田まで帰っていましたよ。そこまでして、ようやくフライフィッシングで魚を釣る、っていう目的にたどり着いたんです。

キャスティングがカギになった

それからはフライフィッシングにのめり込み、秋田でショップを始めてしまったんです。フライフィッシングをやっている人なんて、関東に比べたら地元では圧倒的に少なかったから、いま考えると無謀でしたね。

そうこうするうちに、トーナメントに出場してみたらどうかっていう誘いが、仲間からあったんです。ちょうど全日本のキャスティングのトーナメントが始まった年。フライフィッシングの世界でも、トーナメントが注目されている時代でした。そのときは、友達のなかではキャスティングが得意でしたからね。キャスティングの練習を始めてみても、キャスティングがまた難しかったですね。だって、13ｍ先の60㎝四方の的に当たらないんですから。8ｍだって危うい実釣なら、まったく苦にならない距離のはずなんですけどね。

それでもなんとか、国内のアキュラシー（的当て）やディスタンス（遠投）で優勝できました。それが3年続き、それでカナダのトロントで行なわれたキャスティングの世界大会にも出場できたんです。世界大会に出場できたから、「キャスティングが上手な人」って認めてもらえるようになったわけです。

キャストはロッドでも変わる

その当時のロッドは、カーボン素材のものが出始めのころで、「いいロッド」と言われていたのは、ほとんど輸入品でした。メーカーによりアクションもさまざまで、キャスティングが未熟な僕には、なかなかその良しあしはわかりませんでした。デザイナーが変わると、こんなにもロッドは変わってしまうのかと思いましたね。そうしてキャスティングと同時にロッドのデザインのことも勉強して、ロッドのデザインもするようになり、「レビュー」っていう自社ブランドを作りました。斬新で、目的に合わせた使いやすいロッドを作ってみたくなったんです。

キャスティングは大切だけど

テクニカルキャストについていろんな本にして目にします。できるならそれに越したことはないですが、的確に投げられるオーバーヘッドキャストなどをしっかりマスターすることの方が大切だと思いますよ。

いまはキャスティングのスクールで講師もしていますが、受講者のニーズはさまざま。その人が習いたいことを中心にして教えていますね。キャスティングを覚えるには、スクールへ行くことが間違いなく近道だと思います。必要不可欠なキャスティングといえども、それは魚を釣るためのひとつの手段。僕がキャスティングを始めたのも、魚が釣りたかったからなんです。あまり窮屈に考えずに、ちょっとできるようになったら、どんどんフィールドへ出てください。魚を釣っている方が楽しいに決まっていますからね。

魚を釣りたくてキャストを一生懸命に覚えたという小野さん（右）。フィールドでは念入りに情報収集も

PART 2
実戦テクニック

プロフライフィッシャーが教えるとっておきのテクニック

時間帯やポイントなどに応じてフライを選び、魚と対峙する（写真＝津留崎健／北海道・西別川）

PART 2 実践テクニック｜実践へのアプローチ

実践へのアプローチ

スタイルとテクニック

フライフィッシングの大きな目標は魚を釣ること。しかし、魚を釣るためのテクニックは、ルアー釣りや餌釣りとはまったく異なる。それはフライフィッシングが、フライロッドやフライラインという特殊な道具や、フライという毛バリを使う釣りのため。魚を釣るためには、フライフィッシング独特のキャスティングが求められるし、餌に似せたフライも用意しなければなない。さらに、魚にフライを本物の餌だと思わせなければいけないので、釣りとはいっても、魚を手にするまでに学ぶことは多い。

フライフィッシングの釣り方は、使用するフライに応じて、ドライフライ、ニンフ、ウエットフライ、ストリーマーという、4つの釣りのスタイルに大きく分けることができる。そのうえ、それぞれの釣りのスタイルのなかにもさまざまなテクニックがあり、その分類は多岐にわたっている。そうしたスタイルやテクニックは、フィールドの状況や対象魚、使用するフライなどで大きく異なってくる。

4つのスタイルには、それぞれベーシックテクニックが存在する。それは、いわばフライをどのように扱ったらいいのかという取り決めだ。このパートでは、それらのベーシックテクニックと、さらにステップアップしたテクニックの一部を紹介する。それは、魚をたくさん釣るためや大きな魚を掛けるために、はたまたキャスティングなどでのトラブルを回避するために、フィールドで必要に迫られる、といったものだ。テクニックを身につけることは魚を手にするための近道でもある。

ポイントを決定し、流れを読み、魚にアプローチする。フライに生命が吹き込まれたとき、魚は猛然とアタックする

論理上のテクニック

魚を手にするためにはさまざまなテクニックが必要になるが、それを完璧にマスターすることは熟練者であっても難しい。マスターするまでには、キャスティングに悩むことや、フライのパターンに悩むこともある。フライフィッシングのテクニックの多くは、論理的な裏づけを備えている。魚にティペットを気づかせない工夫だったり、ポイントを選択す

38

講師紹介（五十音順）

小野 訓（おの・さとし）
1956年生まれ。フライロッドメーカー「レビュー・プロダクツ」代表取締役。トーナメントでは全日本キャスティング・フライ種目元チャンピオンという輝かしい経歴をもつフライフィッシャー。レビュー主催のスクールを開催するほか、雑誌などでも精力的に活躍。国内・海外を問わず、フライフィッシングを楽しんでいる。東京都新宿区在住

漆原孝治（うるしばら・こうじ）
1956年生まれ。プロタイヤーとして、タイイングスクールや雑誌などで活躍。タックルのテスターやオリジナルダビング材の開発など、活躍の場は多岐にわたる。年に数度は北海道への遠征も行ない、タイイングと同時に、フィールドでも存分にロッドを振って、フライフィッシングを満喫している。神奈川県横浜市在住

里見栄正（さとみ・よしまさ）
1955年生まれ。有名ブランドのロッドのデザインを手がけたり、テレビや雑誌などのメディアに登場するなど、幅広く活躍している。ロングティペットリーダーをはじめ、ルースニングなどに独自の理論を展開するフライフィッシャーマンで、昨今の流行のフィッシングスタイルを確立してきたひとりだ。群馬県太田市在住

小宮圭介（こみや・けいすけ）
1960年生まれ。会社員で、休日は神奈川県藤沢市のプロショップで、スクールの先生として活動している。渓流でのニンフやウエットフライでの釣りを得意とするアングラーで、型にはまらない自由な発想のフライフィッシングには定評がある。昨今は、海でのルアー釣りや餌釣りなども楽しみ、分野を問わずに釣りを堪能している。神奈川県横浜市在住

渡辺訓正（わたなべ・のりまさ）
1957年生まれ。フライフィッシング・プロショップ「リバーズ・エッジ」を経営。忍野にほれ込んで、ショップまで開設してしまったアングラーで、マッチ・ザ・ハッチの釣りを得意とする。忍野のハッチチャートなど、詳しい情報を得られることから、ショップには多くの釣り人が集まっている。元料理人で、その腕前を生かした料理も人気。山梨県忍野村在住

杉坂隆久（すぎさか・たかひさ）
1956年生まれ。フライフィッシング・プロショップ「SUGISAKA」を経営し、2004年にはオリジナルブランド「TSR」を設立。インストラクターとして全国各地でスクールを開催するほか、テレビや雑誌など、さまざまなメディアで活躍する。どんな分野のフライフィッシングでもこなしてしまう、オールパーパスなスタイルは高く評価されている。愛知県岡崎市在住

とととらえがちだが、実際には魚が何を求めているのかを基準においた選択なのである。魚が求めている餌に似せたフライを流す。そのためには、ウエットフライやニンフを活用したほうがいいと判断するからだ。そして、それらのフライを効果的に演出させるために、テクニックが必要になるわけだ。

しかし、完璧なテクニックだけで魚が釣れるわけではない。フライフィッシングは自然を相手にした釣りであることも忘れてはならない。キャスティングとタックル、タイング、フィールドワーク、そしてテクニック。これらがバランスをとりあって、フライフィッシングの世界は構成されている。もしテクニックの上達につまずいてしまうことがあったら、これらの役割をもう一度、見直してみるといい。きっと魚たちがいい答えを出してくれるはずだ。そして、魚をたくさん釣ることがフライフィッシングの上達につながる。

基準だったりというように。実践でそれらのテクニックのすべてを発揮できなくとも、いかに魚をだますかという手段でしかない。魚を知ることは、テクニックを活用するうえで格段の効果がある。

熟練者の多くは、釣りのスタイルにこだわることをしない。例えば、ドライフライの釣りが好きだとしても、大物がドライフライに見向きもしない状況ならば、フライをウエットフライやニンフに交換する。一見、それは違うテクニックの活用である

のは、魚の生態を知ること。テクニックというのは、いかに魚をだますかという手段でしかない。魚を知ることは、テクニックを活用するうえで格段の効果がある。

り方が効果的なのかを学んでおくといい。こうすれば釣れるかもしれないという発想が、フィールドでは重要になることも少なくないのだ。そして、それを自分なりに試してみよう。理論を検証してみることがフライフィッシングではなにより大事なことなのだ。

テクニックと同様にとても大切な

PART 2 実践テクニック｜ドライフライ・ベーシックテクニック

ドライフライフィッシング

ベーシックテクニック —— フライフィッシングの基本となる技術

Dryfly 小野 訓 が教える

ドライフライフィッシングは、日本の渓流でもっともポピュラーな釣り方。どこを釣っているのか確認でき、フライに飛び出す魚の姿も見え、ビギナーから上級者まで、フライフィッシングの楽しさを素直に感じることができる。入口は広いが奥も深いドライフライの釣り。そのベーシックテクニックを、小野訓が解説する。

気持ちよくラインを伸ばし、ポイントへ的確にフライを落とすことから始めよう

基本システム

ロッド：8フィート♯4
ライン：DT4FまたはWF4F
リーダー：12フィート5〜6X
ドライフライ

ドライフライ・フィッシングの基本システム。リーダー（ティペット含む）はロッドの長さと同等かやや長い程度。8ft、3〜4番ロッドに12ft前後のリーダーが一般的。リーダー＆ティペットの太さは5〜6Xを中心に

まずは見やすいフライから選びたい。魚のアタックを見逃さないためだ

ドライフライの釣りがフライフィッシングの基本となるのは、釣りの一連の動作を目で確認しながら学べるからだ。フライが落ちた場所や流れる様子、そのフライに魚が反応する姿やアタックする瞬間が見える。入門者ではなくてもエキサイトしてしまうはずだ。また、基本的なキャスティングテクニックさえあれば釣りになる。手軽で魅力のある釣り方だから、この釣りを面白いと感じて、より多くのことを身につけようという気にもなる。

ここで解説するのは、ドライフライのベーシックテクニック。現在の潮流からすれば、ライトラインを使ったロングリーダーの釣り（P.44で解説）が主流だし、ドライフライの釣りにのめり込めば、マッチ・ザ・ハッチ（P.50で解説）の釣りが重要だと、いうことになる。それらの釣りで成功するためにも、基本となる技術を

習得しておきたい。ベーシックテクニックを応用編で活用すれば、もっと釣れるようになるのだ。

フライフィッシング上達のカギは、とにかく魚を釣ること。たくさん釣れば、それだけ上達も早い。先生はフライのなかにいる魚。その魚を見ながら釣りができるメリットは大きい。

釣りを始める前に

ペーストタイプはボディにしっかり染み込ませる。エルクヘアカディスやパラシュートパターンに

スプレータイプも手軽で人気。細かいドライパウダーが塗布される。フックに付着した部分は指で拭い取る

一般的に、ドライフライにはフロータントを施す。フライを長時間、確実に浮かせるためだ。フロータントにはリキッドタイプやパウダータイプなどがある。CDCパターンにはパウダー、パラシュートパターンにはペーストという具合に、パターンに応じて使い分けるといい。しかし、CDCパターンではフロータントが逆効果になる（沈む）こともあるので、製品の注意書き（使用用途）は必ず確認すること。

40

ポイントの攻略

ベーシックテクニックのポイントは、リーダーとティペットをしっかりターンオーバーさせて、狙ったところにフライを落とすこと。そのためにもキャストが重要。狙った場所にフライが落ちなければ、魚を誘い出すこともできないし、魚の反応を知ることさえできない。それらを知るためにも、学ぶためにも、狙い通りにフライを落とす技術が大切だ。

フライを正確に、きれいにターンオーバーさせるために、タックルの選択やシステム、正確なキャスティングテクニックが欠かせない。多少の風があってもキャスティングをラクにしてくれる4番指定のロッド＆ライン、12フィート前後のリーダーシステム、そしてパワーのあるループを作るホールなどが大切になる。

さて、本題のポイント攻略だが、フィールドでもっとも狙いやすい場所は緩流帯といわれる流れの「ヨレ」。それは、おもに流速のあるレーンの横にあり、流れてきた餌が溜まりやすい場所だ。そのヨレをメインに釣ればいいのだが、注意したいのは、魚がいる場所（付き場）は点であり、また魚が補食する場所（就餌点）も異なった点だということ。その2つの点と点とを結んだ線をポイントとして捉え、フライを流す。つまり、トレース（流す）するライン（線）の見極めが重要なのだ。ドライフライの釣りの楽しさは、付き場を見つけて就餌点で誘い出し、フッキングに持ち込む。一連の流れを想定しながら実践してみることにある。すなわち、フライを落とすところが狙いでなければ、この攻略は成立しないのだ。

流れをトレースするうえで問題となるのがドラグ。ドラグを回避するためには、ドラグが掛かりにくい立ち位置を選ぶことが大切。例えば、アップストリームのアプローチは、落ちたフライとラインが同じ速さの流れに乗るのでドラグを最小限に抑えられるのでヨレを狙って上流へと釣り上がろう。

フライを流す場所
×印を付けたポイントは、緩流帯の「ヨレ」。フライを×印の地点で着水させ、矢印に沿って流すのが理想。その間に魚の付き場と就餌点をフライが通過する。反応がなければ、一歩前へ出る。×印も一歩上流側に移動させ、先に流した距離と同等分流す。これを繰り返す

ポジションの取り方
ポジションの基本はアップストリームかアップクロス。そして、一つのポイントを探ったら上流側に移動する。これはあくまでも基本なので、場所によっては（フラットな流れや淵など）ダウンクロスやダウンストリームで送り込む、という場合もありえる。フライが自然に流れればいい。柔軟に考えよう

えることができる。しかし、現実には、斜め上流へアップクロスでアプローチすることも多い。そんなときはメンディングやリーチキャストを併用しよう。

初歩の段階で大切なことは、テクニックを駆使して大切なキャスティングではなく、フライが流れをトレースできたかどうかにかかっている。このほか、ダウンストリームで狙うアプローチもあるが、これはフィールドに応じて、必要に迫られた場合の選択。アップで狙えないような場所は切り捨ててしまっても、渓流では次の好ポイントが必要ある。まずは、

アップストリームで狙う
アップクロスは理想的な攻略方法。着水したラインからフライまでが同じスピードで運ばれるのでドラグがかかりにくい

ダウンストリームで狙う
岩盤に向かっていくつものスジが流れ込む淵を攻める。ここはアップクロスでは攻略しにくい。ダウンで狙う

ドライフライのキャスティングでは正確さが要求される。狙ったところに確実にフライを落とせるように腕を磨いておこう。そのためにも、キャスティングの基礎はしっかり身に付ける

キャスティングテクニックを活用する

木の枝が張り出した場所では、サイドキャストを駆使することもある。できるだけ奥にフライをキャストしたほうがいい。難しいときはポイントに静かに近づいて対処する

アップクロスはメンディングでドラグを回避。フリップで手前のラインを跳ね上げるようにしても、同様の効果は得られる。キャスティングレンジが長いほどライン操作が難しくなる。技量に応じて操作しやすい距離を見極める

フライの選択

最初に結ぶフライは何がいいのか。ドライフライの釣りでは、ハッチしている虫が分かればそれと似ているフライを選択するのがセオリーだ。

しかし、ハッチが見られなかったり、補食している餌が分からないとき、役立つのがパイロットフライ。パラシュートパターンやエルクヘアカディス、スタンダードパターンといった汎用性が高く、何にでも見えるフライだ。そのようなパターンのなかから、サイズ14番前後（フックの大きさ）を基本に選んでみる。

フライは見やすいフライを結ぶこと。流れのなかでフライを見失ったり、魚のアタックに気付かなかったということがないようにしたい。フライに反応が無ければ、フライサイズを小さくしたり、あるいはパターンやフライの色を替えてみよう。フライ選択の目安だが、山岳地域の落差のある速い流れでは、フック

サイズが大きくハックルが厚く巻かれた目立つものを。逆に、プールのような緩やかな流れでは、サイズの小さなフライや、ハックルが無いもの、ボディ全体が高く浮くフライなどを選択する。魚がフライを見たときに、ぼやけて曖昧に見えるものや余分なハックルが見えないものが望ましい。

パイロットフライを使って一尾釣れても、それが絶対的な当たりフライとは限らない。フライサイズをひとまわり大きくしたらアピール度が高まって、もっと釣れるようになるかもしれないし、また、その逆の結果になるかも知れない。しかし、そのような試行錯誤も、経験を積むという意味で大切なステップになる。

キャスティングを駆使する

渓流で必要となるキャスティングレンジ（投げる距離）は、一般的に15

ヤード以内。入門者でも練習次第で十分に投げられる距離だ。フィールドでは、釣りたいという気持ちもキャスティングを手助けしてくれるので、さほど難しく感じないだろう。魚を釣ることに加えてキャスティングのプロセスを楽しむのも、フライフィッシングならではの面白さだ。

フィールドで必要となるキャスティングテクニックは、実のところ少ない。カーブキャストやスラックキャストなどのテクニカルキャストができればより有利な場面はあるが、それができないから魚が釣れない、というわけではない。キャスティングレンジは、自分の技量の範囲内で楽しめばいいし、テクニカルキャストも、リーチキャストとメンディングさえできれば、ほとんど困ることはない。キャスティングを駆使するということを身構えてしまうが、どんな場面でも悩まずに済むよう、自分が使用頻度の高いテクニックを確実に身に付けることだ。

覚えておくと便利なハンドツイスト

握り込む方法は人それぞれ。小野さんは、①人指し指にラインをかけ、②親指で押さえながら、手を返してラインを握り込む。この動作を手早く繰り返す。そのままフォルスキャストに移り、手のひらからラインをリリースする。

ドライフライの釣りに限らず、フライフィッシングではリトリーブによるライン処理が必要だ。足元にすとだけでもいいが、流れのある場所ではラインが足元から流されたり、障害物に引っかかったりして次のキャストに移るまでに手こずることも。そんなときはハンドツイストを活用したい。これは、ラインを手のなかに握り込む処理法。大変役立つので覚えておきたい。

PART 2 実践テクニック｜ドライフライ・ベーシックテクニック

流れを読む

フライフィッシングの戦略において重要なのが、流れを読むこと（リーディング・ザ・ウォーター）。流れの筋を見て流速の変化がどこに形成されるのか、流れの速さからどのポイントが魚の就餌点なのか、といった情報を読み取り、予測すること。そされさえできるようになれば、どんな渓流のポイントも攻略できる。

フライを流す目安となるものに「ライズ」がある。水面に表れる魚の補食行動で、それは就餌点でもある。前記したように、魚には付き場があり、就餌点で捕食している。基本的な狙い方はライズの上流側にフライを落とし、付き場でフライを認識させたうえで、ライズする地点を通過させる必要がある。そのために、どこにフライを落としたら、どの流れのレーンに乗ってライズのある地点にフライが送り込まれるのかを見極めるこれもまた、流れを読むということなのだ。

フライへのアタックの仕方からも、さまざまな情報を得ることができる。魚がフッキングせず、素速い動きをしているという場合は、魚のサイズが小さい場合を除いて、レーンが読み取れていないか、ドラグが掛かっていないか、などを疑ってみる必要がある。それらがすべて合格点であれば、魚はゆっくりと、長い時間フライをくわえてくれるはずだ。

さて、魚の食いが悪い、食わないといった状況で、もっとも手軽な対処策は、現状よりティペットを細く長くすることだ。その究極がロングリーダーシステム。細く長くすることで、ドラグを回避しやすくするわけだ。しかし、それもフライをポイントに正確に落とせなければ役に立たない。キャスティングテクニックを磨き、攻略ポイントを熟知するためにも、ベーシックなドライフライの釣りから始めるといいのだ。また、ドラグ回避を自らの課題にしてみるのも面白い。ロングリーダーはドラグがかからずにフライが自然に流れるからよく釣れるもの。しかし、あえて標準のリーダーシステムでフライが自然に流れるレーンを探し、魚を誘い出す釣りをしてみることは、フライフィッシングテクニックのステップアップになる。ドライフライの釣りを出発点として学んだことを今後の釣りに活用すれば、必ずよい結果が得られるようになるはずだ。

視線は常にポイントへ向ける。流れを注視し、ライズなどの魚の気配があれば、すみやかにフライをキャストする

小野 訓さんのフライとタックル

パイロットフライ、#14。高いスタンスで浮くスタンダードパターン。いつでもどこでも、迷わずにティペットに結ぶことができるオールマイティなフライだ。その日の魚の活性を知るのにも役立つ

CDCスピナー、#16。スピナーとはカゲロウの成虫で、産卵時には羽を広げて水面を流れる。これは、それを模したパターンで、左右に突き出したウイングが特徴。CDCで浮力を高めている

アダムスパラシュート、#14。ブラウンとグリズリーのハックルをミックスしたアダムスのパラシュートスタイル。これもまた、特定の虫を模したパターンではなく、パイロットフライとして使用できる

ロッドはレビューRL8304。8feet3inch、#4、3pc。リールはレビューTL-1。ラインはWF4F。ロッドは携帯に便利な3ピース。最初の1本は、しっかりとキャストが学べる#4ライン指定のロッドを選ぶと失敗がない

疑うことなくフライをくわえこんだニジマス。側線が輝く

ドライフライで釣れる喜びは格別。魚のアタックに興奮を覚えるだろう

Dryfly 里見栄正が教える ロングリーダーシステム
──流行の"釣りを容易にする"テクニック

PART 2 実践テクニック｜ドライフライ・ロングリーダーシステム

ドライフライフィッシングの流行はロングリーダー。ティペットを細く長くして、ドラグが掛かりにくい状況をつくるシステムで、フライを容易にナチュラルドリフトさせることができる。釣果が確実に伸びるというロングリーダーを駆使した釣法のベーシックテクニックを、第一人者の里見栄正が解説する。

アップクロスで攻略する。弛んだティペットが伸びきってドラグが掛かるまでが勝負

基本システム

- ロッド：8フィート♯3～4
- ライン：DT3F
- リーダー：（全長16フィート）9～12フィート 5～6X
- ティペット：7X 4フィート
- ドライフライ

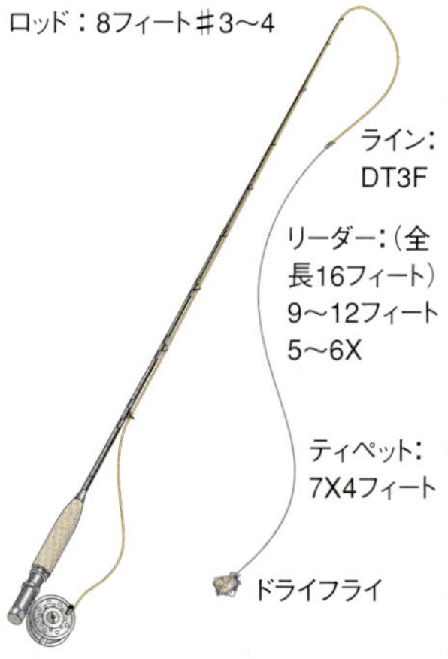

ロッドはオールラウンドなものでOK。システムの変更点はリーダーとティペットのみ。ティペットは7Xを基準に用意しよう。リーダーリンクなどでリーダーごと替えて、ベーシックシステムと使い分けてもいい

標準的な9ftのリーダーにティペットを最低でも4ft（1.2m）継ぎ足す。パイロットフライにはパラシュートタイプを選ぶといい

ロングリーダーシステムは、正確にはロングティペット・リーダーシステムという。リーダーが長いのではなく、通常よりティペットを長くするリーダーシステムのこと。ベーシックテクニックで解説している通り、魚が釣れない原因のひとつはドラグにある。この回避策として、ティペットを細く長くするリーダーシステムが有効なのだ。すなわち、ロングリーダーシステムは、手軽にナチュラルドリフトさせるための手段として注目されているのだ。初心者でも必ず魚が釣れる、実釣で役立つテクニックを解説しよう。

リーダーシステムだが、一般的な渓流では5～6X、9～12フィートのリーダーを用意する。これに7Xのティペットを足し、全長約16フィートにする。20フィートにすることもあるが、最初は扱いやすい全長16フィートのシステムから始めよう。ロッドはワイドループを作りやすいややスローアクションのものが、キャスト時のトラブルも少なく使いやすいが、手持ちのドライフライ用ロッドは、自分の釣り方の好みが分かってからでも遅くはないだろう。専用ロッドでも問題はない。基本的なスタイルは普通のドライフライの釣りと変わらない。唯一の違いは、フライのプレゼンテーションにある。ドライフライの釣りでは、リーダーをターンオーバーさせることが大切だが、この釣りではターンオーバーさせることがすべてではない。ティペットの弛みを残したまま着水させることも多い。もっとも、ロングリーダーをターンオーバーさせることは難しい。幸いにも、ターンオーバーさせないことが利点になるのだ。

固めるか？ ほぐすか？

ティペットをまとめて落とすか、ほぐした状態で落とすか、その使い分けができれば理想的だ。キャスティングテクニックは時間をかけて習得しよう

この釣りの特徴は、ティペットのターンオーバーにこだわらないこと。それには、ティペットをまとめて（固めて）落とすか、ほぐして落とすか、2つの方法がある。通常はほぐした状態で落とすが、岩裏などの流れのない場所にフライを長時間留めたい場合は、まとめて落とすと効果的。手前の速い流れでリーダーが引かれても、ティペットがほどけるまではドラッグを回避できる。時間が稼げるのだ。ただし、投げ方の難易度は高いので、熟練者向けのテクニック。

ポイントの攻略

ポイント攻略の基本はベーシックテクニックと同じで、アップクロスで釣り上がっていくスタイル。フライもまた、同じポイントに落とす。ターンオーバーしきらなかったティペットはかたまりで落下する。そのティペットの弛みが解けていく間、フライは魚がいるポイントまでナチュラルドリフトするのだ。魚が嫌うドラグがかかりにくいので、釣れる可能性が高い。

ティペットは弛ませても、フライは狙った場所へ確実に落としたい（多少の誤差ならまったく問題はない）。ここが重要なポイントで、だからこそリーダーシステムは長いながらも操作性を犠牲にしない、16フィート前後がいいのだ。

なお、ロングリーダーシステムで使うフライは、パラシュートやカディスパターンを選ぶといい。フォルスキャスト中に、空気抵抗でフライが回転しやすいスタンダードパターンなどは、リーダーやティペットがキンク（ヨレる）する。キンクするとティペット同志が絡み付いてしまうのだ。常にティペットのヨレは取り除くこと。キンクによるトラブルが多いときは、リーダーシステムごと交換したほうが、手間は少ないだろう。

さて、このシステムでフライを流しても魚の反応がないときは、いよいよルースニング（ニンフの釣り）の出番となる。

岩も活用する
ラインやリーダーを岩に乗せ、流されるのを防ぎ、ドラグの回避に役立てる。ドライフライの釣りで欠かせないテクニックのひとつ

手を抜かず、ドラグの掛かりにくい位置まで移動することが大切

里見栄正さんのフライとタックル

ブラウンパラシュート、#14。ウイングにはカーフボディを使って。パイロットフライとして活躍する万能な1本だ。ロングリーダーではこのようなパラシュートスタイルを多用する

ブラックパラシュート、#14。こちらはアントとしても活躍。黒いボディは白泡のなかに投げ込んでもフライの位置を確認しやすいメリットがある。夏場に欠かせないパターンのひとつ

エルクヘアカディス、#14。ここ一番のおさえで用意しておきたいパターン。カディスとしてはもちろん、ボディハックルがあるので、テレストリアルの代用にもなる。視認性にも優れている

ロッドはシマノ・フリーストーン8303。8feet、3番、3pc。リールはシマノ・フリーストーン。ラインはDT3F。ルースニングにも対応するややスローなアクション。ワイドループでトラブルを回避する

キャストレンジの使い分け

①プールから流れ込みの筋まではロングキャスト。流れがプールのようなフラットな場所は、魚を脅えさせないように立ち込まずに攻めるといい

②流れ込みの筋では、その筋の左右に広がる緩流帯を中心に狙う。手前の流れから攻めること。また、流しやすいポジションに移動。すでにフライを流した場所なので、立ち込んでも問題はない。キャスティングレンジは、一般的なミドルレンジまで縮める

③落ち込み横の、水の動きが少ないスポットをショートレンジで攻める。ラインをあまり出さず、リーダーキャストと呼ぶ、テンカラ釣りのようなスタイルで狙うと攻略しやすい

Dryfly

林 彰浩 が教える フリーストーンリバーの釣り — 源流のネイティブな魚と戯れる

夏の訪れは、フライフィッシャーを源流へと誘う。涼風と渓谷美を楽しみながら川を遡り、小さなポイントから飛び出すネイティブで無垢なイワナと戯れる。そんな、ダイナミックな釣りができるのが、フリーストーンリバーの釣りだ。

大きな岩や淵が続く源流。水温は低く、真夏でもイワナを相手にF・Fを楽しめる楽園

基本システム

ロッド：7〜7.5フィート#4
ライン：DT4F
リーダー：7.5フィート 5X
ドライフライ

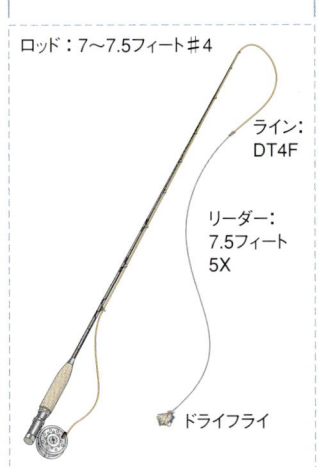

7〜7.5ftの#4ロッドが標準。8ftではブッシュの多い源流でフォルスキャストしにくい。岩で傷付くことが多いフライラインは経済的なDTを選ぶ。リーダーは7.5ftの5Xを標準に、フライは大型でよく浮くものを選択

フライフィッシングでは、大岩があり、落差が大きい流れを形成している渓流をフリーストーンリバーと呼んでいる。山岳渓流の多い日本では、おもにイワナ釣りの舞台となる場所だ。

山岳渓流釣りのシーズンは、里川の釣りが一段落したころに始まる。里川の水温が高くなり、魚の活性が低く、釣りにくくなるころ、源流帯ではようやくトラウトの釣りに適した条件がそろう。釣り人にとっては、避暑を兼ねた釣行ができる、魅力的な釣りだ。

山岳渓流のタックルは、7フィート前後のショートロッドが主流。リーダーも里川のそれと比較して短く、太くする。そして、大型で浮力の高いフライを的確にポイントへ打ち込みながら、上流に向かって進む。

人煙まれな源流帯に入るときは、安全への準備と注意が必要だ。ケガをしても誰も助けてはくれないので、同行者を伴う計画が賢明。また、熊に出合う危険もあるので、熊除けの鈴は備えたい。さらに、上流部の雨やダムの放水による鉄砲水などの危険もはらんでいる。天候の変化や自然環境や条件を読み取れる力も養っておきたい。

自然相手であることにも気を配る

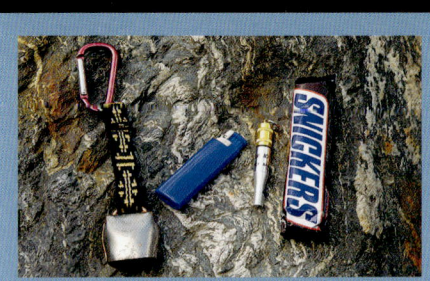

熊除けの鈴や自分の存在を知らせるための笛は必ず用意したい。栄養補給の行動食は非常食にもなるので携行する習慣を

源流域の釣りはリスクが高い。足をくじいたりして身動きが取れなくなっても、誰かが助けに来てくれる保証はない。源流に入る場合は、不測の事態に対する備えが必要だ。服装から備品にいたるまで事前に確認。さらに、飲み物や適量の行動食も忘れてはならない。また、危険回避のためにも2人以上のグループで行動したい。すべては自己責任。事前の準備と、現場での的確な状況判断が肝心。相手は自然。常に周囲の変化に注意を払う心構えが必要だ。

源流の流れでスリリングなファイトを楽しむ。魚は岩下に潜り込むことが多い。ティペットが擦れて切れてしまわないように注意しよう

源流のターゲットはイワナ。ヤマメよりも冷水を好む、どん欲な食欲の持ち主。その引きはスピードこそないがパワフル

ポイントの攻略

イワナ狙いの原則は、「肩」を釣ること。小さな淵尻の流れ出し部分だ。この魚への対処を失敗すると、魚が落ち込みの泡下に逃げ込み、他の魚にまで警戒心を与える。結果、その淵ではもう釣れない、という悪循環を招いてしまう。里川のように、落ち込みから続く緩流帯を最初から狙うのではなく、肩→緩流帯→落ち込みの弛み→白泡のなか、というローテーションで狙うといいだろう。

また、落ち込みから肩までのポイントは、写真のように小さい。背中を丸め、魚に姿を見られないように配慮する必要がある。とくに、肩に着いた魚は警戒心が高い。慎重に行動しよう。

河川の規模が小さいため、先行する釣り人に魚がおびえ、まったくフライへの反応がない、ということも少なくない。その場合は、潔くいったん林道に上がり、上流部や下流部に大きく移動することだ。

落ち込みが連続する場所は、肩、流れの筋、落ち込みの順で狙う。流れの筋は短いが丁寧にトレースしよう。また、流れが速くて食い付けない魚もいるので2～3回流してみよう

林 彰浩さんのフライとタックル

ロイヤルウルフ、#14。ピーコック・ボディはテレストリアルの定番。テイルやウイングにボリュームがあるウルフパターンは浮力が高く、源流のような速い流れで重宝する

アントパラシュート、#14。白泡のなかに放り込んで使うのがアント。ボディが黒いので、泡のなかでもフライを確認しやすい。サイズは大きめでも釣果に問題はない

エルクヘアカディス、#12。定番のカディスだが、あるときはホッパーに、キャタピラに、何にでもなるオールマイティなフライ。テンカラっぽく、ロッドを立てて操作する

ロッドはJプレーン・レナードレプリカ38。7feet、#4。リールはハーディ・マーキス#4。ラインはDT4F。ピンスポットへ的確にフライを落とすため、ロッドはパワーがあるファスト～ミディアムファストが理想的

木化け岩化け

下＝立って釣りをすれば魚は隠れてしまう。開けた場所では必ずかがむ。フォルスキャストもかがんだ姿勢のまま行なう。慣れるまでは疲れるが、これが釣果を左右する

上＝源流の場合、立ってみたら目の前がポイントだったということも。岩などに身を沿わせて釣りをしたほうが、魚に気付かれにくい。化けなくても隠れることが大切

Dryfly
漆原孝治が教える イブニングライズ — 魚が警戒心を解く時間帯

PART 2　実践テクニック　ドライフライ・イブニングライズ

夕方のプール。今まで静かだった水面に、ひとつ、ふたつ、ライズの波紋が広がる。虫たちの無数のハッチが始まると、数えきれないほどのライズで満たされる。それは、フライフィッシャーにとって絶好のとき。夕闇のなかで、ビッグワンがロッドを引き絞るチャンスは高い。

夕暮れが迫るころ、次第にライズの数が増していく。もっともエキサイティングな舞台の幕開けだ

日中はシビアなライズに泣かされることも多いフライフィッシングだが、イブニング（夕方）ともなると状況は一変する。ポツリ、ポツリと始まったライズは夕闇に包まれるほど次第に多くなり、まるで大粒の雨が降っているかのような数になる。さらに、ライズは派手なスプラッシュを伴い、キャストによるトラブルをなくし、大物とのやり取りにも備えるためだ。さらに、確実に大物が潜んでいるポイントでは、イブニング用のタックルを用意することもある。肝心なことはふたつ。ひとつはポイント選び。そして、もうひとつは大物を狙うということ。

イブニング用のタックルは、日中に使用したもので構わない。ただし、リーダーとティペットは、通常より短く、そして太くする必要がある。キャストによるトラブルをなくし、大物とのやり取りにも備えるためだ。さらに、限られた時間のなかで大物を手にするために、無数のライズのなかでも、特に魚が大きいだろうと思われるライズから攻略するということ。この2点に注意すれば、魚と出逢えるチャンスは高まる。

大物が潜んでいそうな大場所といわれるプールや大きな淵で釣りをするのが理想的。さらに、限られた時間のなかで大物を手にするために、無数のライズのなかでも、特に魚が大きいだろうと思われるライズから攻略するということ。この2点に注意すれば、魚と出逢えるチャンスは高まる。

イブニングライズで狙うポイントは、日中の釣りでチェックしておこう。ここなら大物がたまるだろう、

基本システム

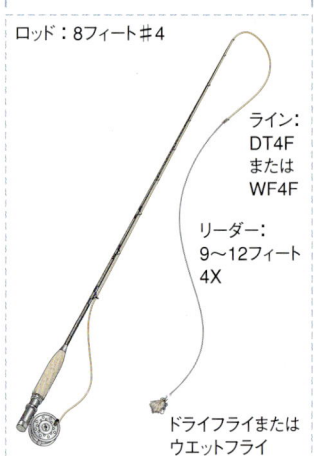

ロッド：8フィート♯4
ライン：DT4F または WF4F
リーダー：9～12フィート 4X
ドライフライ または ウエットフライ

渓流用4番指定のロッドでいいが、大物を狙う場合は5番指定のロッドを。リーダーシステムはトラブルがないよう全長12ftまで。ティペットは4X。アタリがない場合はフライのみ交換する。ティペットは細くしないこと

ヒゲナガがカギを握る

カディスを代表するヒゲナガ。この虫が水面を泳ぐ様子を見つけることができれば、イブニングで釣れる確率も高まる。カギを握る水生昆虫のひとつだ

ライトは危険回避の為にも常備したい

釣りの間は手元を、帰路では足元を照らす

薄暗くなるとフライの交換に手間取る。アイにティペットが通らないのだ。ライトは欠かせない装備。基本的には、ティペットを結ぶ時だけ使用し、ティペットをしている間は消しておく。また、釣りをしている間は消しておく。また、魚に警戒心を起こさせないため、ライトは直接水面に向けない配慮が必要だ。ポイントによっては釣り終えて真っ暗になってから川を渡らなければならないこともある。そんなときのことも考え、小型ながらも明るいライトを用意しよう。危険回避のためにも携行したい。

48

待つことも重要

明るいうちに下見をし、場所を確保。このとき周囲の釣り人にも気を配り、隣までの距離がどれだけあるのかを把握する。あとは、リーダーシステムを組みながら待つ

ポイントは大場所に絞る。規模の大きな堰堤や淵が第一候補。日中には深場や遠い対岸に隠れていた魚も、餌を求めて出てくるのだ。釣り人にとっては絶好のチャンス

イブニングとなると大場所には釣り人が並ぶ。暗くなり周囲も見にくくなるため、トラブルがないように、隣との距離も十分に開けよう。割り込みしないマナーも大切。立ち位置の正面が自分に与えられたポイントと認識しよう

漆原孝治さんのフライとタックル

サンダーウイングカディス、#8。ウイングにラムズウールを使って浮力を高めたヒゲナガのフラッタリングパターン。自然に流しても、逆引きでダイブさせてもいい。オールラウンドなカディスパターン

ハックルスタッカー、#10。エルモンヒラタカゲロウなどのメイフライのハッチがあるときに使用。ナチュラルにドリフトさせるといい。白っぽいフライを結ぶと、暗闇のなかでもフライが見やすい

シルバーマーチブラウン、#10。水中羽化のエルモンやヒゲナガをイミテートするウエットフライ。フライを目で追う必要がないので、イブニングに最適。大物の実績が高いパターンのひとつ

ロッドはオービス・パーキンスプール。8.5feet、#4、2pc。リールはハーディ・パーフェクト。ラインはDT4F。リーダーは4Xをセレクト。日中、ロングリーダーで使用していたロッドでも、リーダーシステムを変更するだけで対応できる。長めのロッドだとウエットの操作もラク

ポイントの攻略

と思われるポイントを見つけておきたい。しかし、大場所とはいっても、限られた人数しか入ることができないので、夕暮れ前にはその場所に戻ってくること。そこで、タックルの準備をしながら場所を静かにキープし、ライズが始まるのを静かに待つ。結ぶフライでもっとも有力なのは、ヒゲナガを模したフライパターン。ヒゲナガのハッチを意識したもので、エルクヘアカディスやシルバーマーチブラウンなどのウエットフライでも代用は可能だ。

ダウンクロスの釣りは、強烈なアタリが直接手元にくる。向こうアワセで掛かってしまうものだが、ここであまり強引にあわせるとアワセ切れを起こすので気をつけたい。

フライをナチュラルに流すときは、フライが流れていると思われる付近のライズに対して、勘で小さなアワセを入れてみるといい。焦ることはない。日中のそれとは異なり、魚はしっかりと長い間、フライをくわえているからだ。

魚たちのライズが無くなったときがイブニングライズの終焉のとき。ハッチが終わったことを足下に気をつけている。暗がりのなかを足下に気をつけながら、釣り場を後にしよう。

夕闇のなかでは、月明かりや民家の灯を頼りにドライフライをナチュラルに流すか、おおよその距離感をつかんでダウンクロスでウエット的に釣るか、2通りの攻め方がある。ヒゲナガは水面直下を泳ぎながら羽化するため、ダウンクロスを活用するほうが効率的でアピール度が高く、入門者でも釣りやすい。また、ドラ

イフライであってもしっかりと浮いている必要はない。ヒゲナガは波を立てながら泳ぐので、少々ドラグが掛かっても、逆に魚の好奇心を誘い、良い結果が得られることも少なくない。ライン操作が不得意な初心者でも、大物が釣れるチャンスが存分にあるのだ。

日中の釣りに没頭し、大場所まで移動することができなくても悲観することはない。この時間になればどこでもライズが始まる。思いもよらない大物が飛び出すかもしれない

Dryfly
渡辺訓正が教える
マッチ・ザ・ハッチ
──F.F本来の楽しさを凝縮している攻略術

PART 2　実践テクニック　ドライフライ・マッチ・ザ・ハッチ

季節や天候、時間や場所で刻々と変わる虫たちの羽化。そのなかで、トラウトが補食している虫に合わせてフライを選ぶ楽しさ。その駆け引きだけでなく、水生昆虫や陸生昆虫を知り、フライパターンを学び、タイミングを楽しむ。魚を育む川、その自然の生態系とも向き合う、フライフィッシング本来の醍醐味が「ここ」にある。

湧水の代表的な川「忍野」。チョークストリームとも呼ばれるその川は、水がとうとうと流れる

水面がフラットなので魚の姿も確認しやすい。ここでは、見えている魚を攻略する

基本システム
ロッド：8フィート#4
ライン：DT4FまたはWF4F
リーダー：9フィート4X
ドライフライ

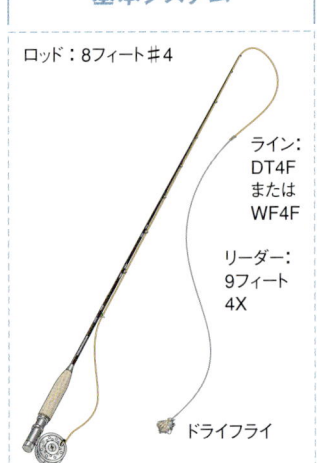

8ft、#4のロッド。リーダーは9ftの4Xを標準とする。魚がフライにスレているなら、フライから流れるようにしてみる。そのためには、ややショートな9ftのリーダーが操作性も高く有効

フライフィッシングにはマッチ・ザ・ハッチという言葉がある。「羽化する虫にフライを調和させる」という意味で、羽化で無防備になり、魚が好んで食べている虫を模したフライを使う釣りだ。

フライフィッシングの本質は自然の営みのなかにある。ライズを繰り返し、虫を捕食している魚にとって、餌の虫が流れてくることは自然のなかのありふれた出来事。釣り人がいてもいなくても、それは変わることがない。そこに、不自然さが生じないように、自然の流れのままにフライを流し、魚にアプローチする。自然界の摂理を利用して、魚とフィールドで遊ぶ釣りなのだ。

マッチ・ザ・ハッチの釣りは、羽化している虫が分からなければ成り立たない。それはフライフィッシングを手軽に楽しみたいという人や初心者には難しいこと。しかし、実際にはマッチ・ザ・ハッチを知らずとも、結んだフライを魚が見にきたりアタックした、という経験はあるはず。魚がアタックしてきた、つまり魚にとってフライが餌に見えたということは、フライがマッチ・ザ・ハッチの条件をある部分で満たしていた、ということになる。

もし魚が釣れたら、ストマックポンプを使って胃の内容物を調べ、魚がどんな虫を補食していたのか、自分のフライと照らし合わせてみるといい。色々なことが学べるはずだ。その積み重ねが、マッチ・ザ・ハッチの最初のステップになるのだ。

自然を理解することが大切

水生昆虫を理解することは、虫を模したフライで釣りをするうえで欠かせない。魚が何を見て虫と認識しているのかを考え、フライに反映させるといい。それらを模したリアルなフライを使い、虫を限定して魚を釣り上げる楽しさも、この釣りにはある。

また、虫が水質の指標ともなることから、それを理解することは川を取り巻く環境そのものを理解することにもなる。水生昆虫について広められた学識は、多くのフライパターンに活かされている。

コカゲロウのダンパターン。テイルやダン特有のグレーのウイングなど、虫の細部を観察し、タイイングに役立てよう

虫をリアルに模したフライの代表でもあるサイドワインダー。ハックルの取り付けなど、タイイングの難易度は高いが実績も高い

さまざまなテクニックも要求される

メンディング
静かな流れのなかにもいくつもの流れの筋があり、ただ真っ直ぐ投げただけではドラグが掛かる。フライがナチュラルドリフトするよう適切にメンディングする

カーブキャスト
ラインスピードをやや遅くしてカーブキャスト。ドラグを回避しやすいようなかたちで水面にラインを置く工夫もしてみる

ダウン・アプローチ
木々に囲まれた場所で、下流にラインを送りだして攻略している場面。①ロールキャストを数回繰り返し、②メンディングの要領でラインを送り出す。③ラインのテンションを調整しながら、目的のポイントにフライを送り込む

対岸のきわに出るライズを狙う。高いキャスティングコントロールが要求される

ポイントの攻略

富士山麓の山梨県忍野村を流れる桂川。ここは湧水が流れる川。フライフィッシングを楽しむ人々の間で「忍野」の名称で親しまれ、マッチ・ザ・ハッチのメッカとなっている。湧水のため四季を通して水温は安定し、さらに、渓流とは趣が異なったとうとした流れを湛えている。それは英国のマス釣りの舞台となる河川に似たもので、「チョークストリーム」と呼ばれる。

チョークストリームのような流れでは、まず魚を見つけることから始める。比較的フラットな流れなので、魚を見つけることは容易なはずだ。そして、魚の反応を見ながらフライをアプローチする。そのため、水面の乱反射を抑える偏光グラスは必携と考えてほしい。

さて、魚が何尾か見える場合、どの魚に狙いを定めればいいのだろう。もっとも釣れる確率が高い魚はライズをしている魚と考えていいだろう。フライをキャストする前に、ライズが定期的に起こっているか、どのくらいの大きさの虫を好んで食べているのかを観察しよう。

フライのプレゼンテーションは、魚のいるポイントから1mほど上流側にフライを落とす。魚を驚かさないためだ。そして、じっくりフライを見よう。ドラグが掛かっていないか、魚がフライを見た時の反応はどうか、ティペットが嫌われていないか、などを注視しよう。魚の反応から多くのことが学べるはずだ。

さて、フライが魚の上を通り過ぎてしまっても、すぐにピックアップしてはいけない。魚は一度フライを見送っても、後から追って食いつくこともある。また、不用心なピックアップで音をたて、魚を驚かさないために、最低でも1〜2m、フライが魚から離れたところでピックアップに移る。魚がフライを嫌っているようならば、

フライを交換してみるといい。また、フライを流したとき、魚が明らかに沈んだり、大きく定位置を変えるようならば、その魚を諦め、他のライズしている魚に目標を変更する。見えている魚だけに、諦めるのはなんとも惜しく感じるが、時として釣り人が見切ることも大事。「やる気」のある魚を探す。

ライズしている魚を狙う

水面に小石を投げたような波紋が広がる。これは、魚が捕食時に体の一部を水面に出したために起こるもの。これをライズリングという。ライズ(捕食)の仕方から、どんな虫を食べているのかを想像することもできる

フライのローテーション

9月の忍野を釣るためのフライローテーションの一例を挙げよう。まず、パラシュートフライを使う。これはトビイロカゲロウを意識したパターンで、最初に流して反応を見るパイロットフライ。魚は見に来るが口を使わないようなら、ステージ（変態の過程）を変えてみる。水面に浮いているダンではなく、ニンフからダンへと変態する途中を模したクリップルダンに交換する。これは、ハックルから下のボディが水中に沈むドライフライの一種で、ニンフのケース（抜け殻）をテイル部分に引きずっている。魚は水面を流れる虫には興味がなく、水面直下で何かを補食していると考えられるからだ。それも嫌われてしまうようなら、陸生昆虫のビートルに変更する。ビートルはこの季節の重要な餌になっている。夏季は水生昆虫ではなく、陸生昆虫にライズしていることも多々あるからだ。ビートルでも反応がなければ、水面から数センチ沈めた層を狙ってみる。クリップルダンの手前のステージだ。

フライローテーションでは、カラーやサイズだけを換えるのではなく、このようにステージを意識してフライを交換する。攻略する時間はフライ一種類につきおよそ5分。それぞれ5〜6回をめどに流す。それだけでも十分に結果を導きだせる。

フライの選択はハッチチャートを参考にしてみよう。ショップでは、ホームリバーのハッチ情報を提供してくれるところもある。また、ホームリバーに通いつめ、自らハッチチャートを作ってみると、マッチ・ザ・ハッチへの理解がより深まるだろう。

フライボックスから魚に好まれそうなフライを選び出す。季節に応じて、使用するフライのローテーションを組み立てるのがポイント

反応が悪ければ次のフライに交換。次々と試していき、その日のアタリフライを見つける

フライ選択の秘訣、チャートを活用する

パラシュート → **ピューパ** → **テレストリアル** → **クリップルダン**

夏の忍野のフライローテーションの一例。意識した昆虫はトビイロカゲロウ、モンカゲロウ、ビートル、ミッジピューパだ。年によってチャートにズレは生じるが、目安にはなる。夏にハッチする虫を模したフライを順番に試す。また、トビイロカゲロウはダン、モンガゲロウはクリップルにするなど、ステージと魚の好みの関係を探ってみることも大切

忍野のハッチチャート

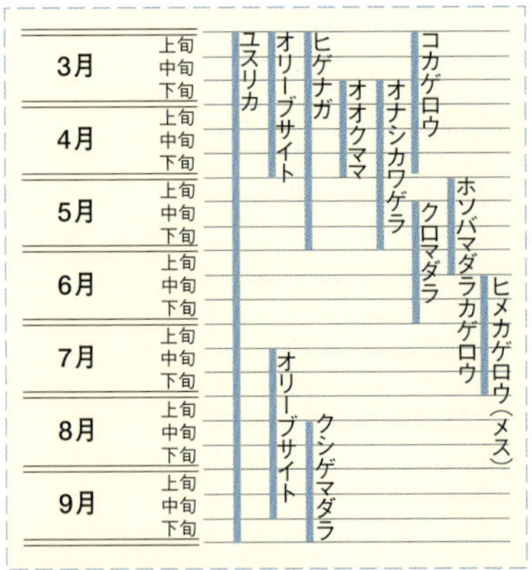

	コカゲロウ	ヒゲナガ	オナシカワゲラ	オオクママ	ホソバマダラカゲロウ	クロマダラ	ヒメカゲロウ	オリーブサイト	ユスリカ	クシゲマダラ
3月 上中下旬										
4月 上中下旬										
5月 上中下旬										
6月 上中下旬										
7月 上中下旬										
8月 上中下旬										
9月 上中下旬										

渡辺さんが調べたハッチチャート。このようなチャートを参考にすれば、その季節にどんなフライが必要なのか一目瞭然。手軽に活用できるように、ハッチの情報をネットで配信しているショップは多い。その情報をもとにフライを準備しよう

魚の好みとフライが合えば、アタックという答えが返ってくる。人と魚との知恵比べなのだ

流れを読む

フライを流すためには、フィーディングレーンを見定める必要がある。フライがレーンに乗らなければ、魚の正面にフライが流れることはなく、魚にフライを落としたらいいかは、流れる小さな木の葉などを目安に知ることができる。

さて、マッチ・ザ・ハッチは羽化する虫を意識した言葉だが、それは虫がハッチしたときだけに成立する釣りではない。例えば、魚が水中でモグモグと何かを食べていることもある。そんなときは迷わずニンフを結び、魚の鼻先に送り込むのかを考え、釣りを組み立てよう。

大切なのは、自然を見て学ぶこと。そこで、どんなことが起こっているのかを理解すれば、フライフィッシングは決して難しい釣りではないと実感できるだろう。フライフィッシングとは、このように、自然と深い関わりをもった遊びなのだ。

ドライフライにこだわらない

上＝魚の食性に合わせて釣るという意味では、何もドライフライにこだわることはない。ニンフを食べていれば、ニンフを使うのが基本。右＝夏の日中に効果的なニンフ、ケースドカディス

プールではダウンクロスで攻めることも。❶ライズ手前に落とし、❷ライズがあった場所にフライを送り込む。ライズがあったらまず観察

渡辺訓正さんのフライとタックル

トビイロパラシュートパラシュート、#16。パイロットフライとして役立つパターン。コカゲロウは年2世代（1年に2度、羽化のピークがある）の虫。1年を通して、ハッチしている期間が長い

クリップルドダン、#12。マダラカゲロウやモンカゲロウなどの水面羽化をする虫を模したもの。テイル部分はシャックといい、ニンフ時の抜け殻をイミテートしている

ミッジピューパ、#14。厳密にはシマトビケラなどを模したもの。ウエットフライの代用として、ミッジラーバとして、幅広く活用できる。水面下を狙う時に使うパターン

ロッドはスコットG885、8feet8inch、#5。リールはウォーターワークス。ラインはWF5F。リーダーは9ftの4Xが標準。元気なニジマスが掛かっても、安心して取り込める強さが基準になっている

忍野用ランディング・ネット

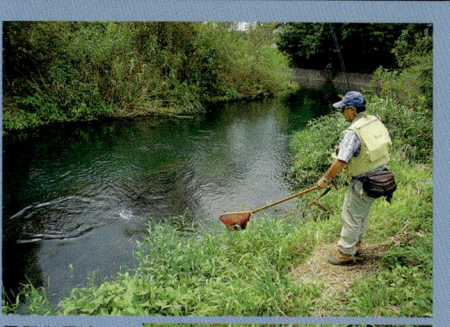

岸際から急深になっている忍野のようなスプリングクリークでは、岸から魚を釣る。魚を驚かせないよう、またトラウトの産卵床を保護するといった配慮からも、ウェーディングは敬遠されている。手前の水草等で魚の取り込みがやりにくいため、柄の長いネットが好んで使われる。足を滑らせることがないよう、安全のためにも用意しておこう。

忍野御用達のランディングネット、通称「忍野ネット」。忍野の頼れるショップ、「リバーズ・エッジ」で購入できる

PART 2 実践テクニック

ドライフライ・極細ティペットの釣り

Dryfly
林 彰浩が教える
極細ティペットの釣り──釣果を確実に向上させるシステム

いかにしてドラグを回避するか、それはいつもフライフィッシャーを悩ませてきた。そのカギを握るのがティペット。この数年で大きな変貌を遂げ、細いティペットで大物と安心してやり取りができる優れた強度を備えた。そして、10X以上の極細ティペットが登場したことで、ミッジの釣りをはじめ、フライフィッシングの世界は変わりつつある。

フラットな水面で起こるライズには細心の注意を払う。プレゼンテーションもできるだけソフトに

フライ専用の極細ティペット

リーダーはロングリーダーで使用する製品を。極細ティペットはメーカーによっても使用感が異なる。目的と好みにあった製品を見つけておくといいだろう

ティペットは最低でも4ft使う。消耗が激しいので、スプールの残量をこまめにチェックしたい

アイに通すのもひと苦労。ティペットの端がヨレていたら強度に問題が生じるので、その部分は切り捨ててしまう

日本のフライフィッシングの流れを見ると、近年、ロングリーダーとルースニングが人気を得るようになってから、プールでのミッジの釣りも盛んになってきた。この釣りは20番以下の小さなフライを使うため、ユーザーの要望に応えて従来の8Xを上回る、極細のティペットが登場した。これは、世界的に見ても日本独自の文化といえる。

この極細ティペット、さすがに威力は抜群だ。ロングリーダーシステムの「細く長く」を極限まで引き上げているのだから、効果的であることとは疑う余地もないだろう。

さて、絶大な効果を生み出すこのティペット、魚から見えにくいのはいいのだが、人間にも見えにくいもの。また、ライン自体にコシがないので、ティペットをフライのアイに通すのは苦労する。フライをセットするだけでイライラしてしまうことだろう。ティペットは1スプール50m単位で売られている。通常のティペットよりも巻量が多いのだが、価格もやや高め。それでも使う人が多いのは、それだけ釣れてしまうにほかならない。

極細ティペットはプールを代表とする緩やかな流れで効果的だが、使う場所が限定されているわけではない。ここが、このティペット活用術のポイント。春先のコカゲロウの釣りや夏場のアントの釣りで積極的に使えば、これまでと違った魚の反応を見ることができるはずだ。こんな魚がいたの？ というくらい、大物を誘い出しやすくなるのだ。

基本システム

ロッド：8フィート#3〜4

ライン：DT3FまたはDT4F

リーダー：（全長16フィート）12フィート 7X

ティペット：4フィート 10X

ドライフライ

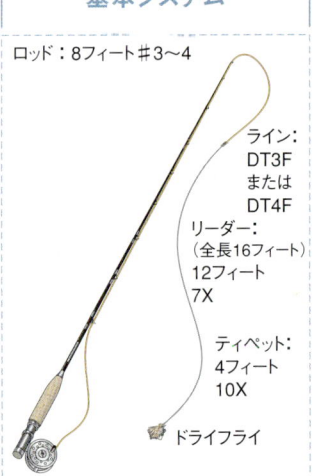

8ft、#3〜4のロッドに、DT3〜DT4のライン。リーダーは購入しやすい12ftの7Xを用意する。ティペットは10Xを4ft。繋ぐと径に差が出る場合は、間に8Xのティペットを30〜40cm追加する

54

ポジションの取り方

ライズを見つけたら、ほぼ正面になるポジションをとり、やや アップクロスでキャスト。魚の反応をしっかりと見ながら対処 する。この位置なら、例えフライラインにドラグが掛かっても、 フライは魚まで自然に流れる

上＝ループはワイドで、ソフトに。ラインを水面に 置く感覚で。ラインで水面を強く叩くと、魚に警 戒されてしまう。右＝フラットな流れでも、魚は変 化のあるところにつく。ここは手前に小さな流れ 込みがある場所。護岸のエグレや継ぎ目も要チ ェック。壁際に魚がついていることも多い

プールの全景。瀬になった流れ込みが、 ここで大きなプールを形成している。さら に、右岸と左岸から水が流入し、ポイント に変化をつけている。魚の付き場として 申し分のない条件が整っているのだ

林 彰浩さんのフライとタックル

CDCダン、#17。プール ではパイロットフライと して使用。コカゲロウやユ スリカ、ガガンボなどを幅 広くカバーするパターン。 自重が軽く、着水がとて もソフト。どんなフィール ドでも魚に好まれる

バイビジブル、#16。里 川の釣りを兼ねるのでハッ クルは少し厚めにして ある。プールではスタン スが高いこのようなパタ ーンが、魚にはぼやけて 見えて、効果的とされて いる

ユスリカラーバ、#18。水 面直下を釣るなら迷わず このパターンを。これは、 いわゆるボウフラ。種類 や水質によって体色に 違いがあるので、ボディ カラーを数種類用意して おく

ロッドはウェールズの7feet9inch、#3。リールはハーディ・マークス #4。ラインはDT4F。やや重めのラインで、ロッドにもったりした感 じを持たせて使用している。このような組み合わせでは、ロングキャ ストがしにくくなる

ポイントの攻略

春先、プールでのコカゲロウの釣りに使用する場合、ドラグは格段に掛かりにくいが、フライのサイズが少しでも大きいと目的のポイントに落とすのに苦労する。できるだけキャスティングレンジを短くして、操作性を高めるようにしたい。常にロングリーダーの立ち位置よりも一歩近づく感じで。また、プールの場合は、キャストがしにくいと感じたら魚の真横からやや上流側にポジションをとり、メンディングを活用してフライを送り込むようにすると失敗が少ない。

写真のようなポイントでは、フライのスタンスを高く保ち、魚からフライが曖昧に見えるようにするのがセオリーとされているが、リアルなCDCのミッジを使ったほうが、よりアピール度は高いようだ。

食わせるまでは容易な極細ティペットだが、魚の取り込みは慎重に。アワセはロッドを立てるだけでも十分。ファイトはロッドの弾性を存分に活用して、ゆっくり寄せよう。

釣り方はロングリーダーの釣りに準ずるもので、特別なテクニックを必要としない。タックルは、ロングリーダーシステムで用いるセットでいい。リーダーとティペットの径に差があるときは、中間サイズのティペットを間に繋ぐ。滑らかなターンと、ファイト中の急激なショックで結び目から切れるのを防ぐためだ。また、リーダーとティペットとを結ぶノットはサージェンスノットを使うといいだろう。

この極細ティペット、傷には弱い。一尾釣ってもフライはそのまま使用するが、ティペットには小さな傷が付いている可能性が高い。フライ近くのティペットは切り捨てて、新たにフライを結び直したほうがいい。また、キャストで障害物に引っ掛けたり、岩を擦ってしまった、という場合もティペットをチェックする。消費量は従来のティペットに比べて多くなってしまう。

ニンフフィッシング

Nymph
里見栄正が教える ニンフィング
——ドライフライへの反応が悪い時に

ドライフライの釣りはエキサイティングだが、季節や天候、ハッチの条件から、ドライフライだけでは釣りが成立しないこともある。そんなとき、どうしても魚を釣りたければ、水面下を流れるニンフを釣ってみよう。ルースニングとアウトリガーというふたつのスタイルを中心に、その基本テクニックを里見栄正が解説する。

状況に応じてニンフを流せば、ドライフライオンリーの釣りより確実に釣果は伸びる

基本システム

アウトリガー
ロッド：9フィート #4
ライン：DT4F
リーダー：（全長10フィート）9フィート 5X
ニンフ

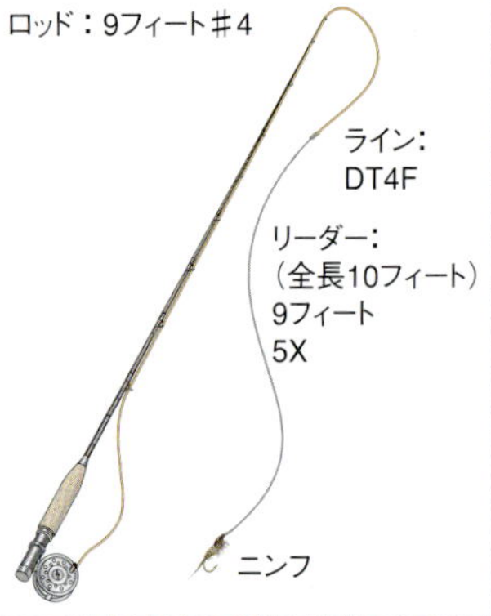

ロッドは9ft、#4。ラインはDTまたはWFの5F。9ft、5xのリーダーのバット部を詰め7ftに、さらに6Xのティペットを3ft足す。フライから20〜40cmの場所に小さなショットを

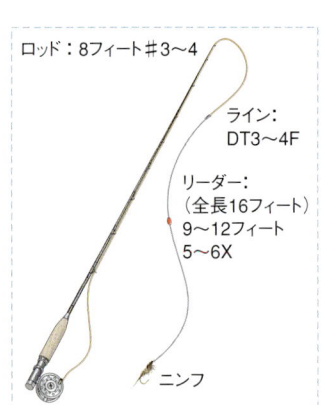

ルースニング
ロッド：8フィート #3〜4
ライン：DT3〜4F
リーダー：（全長16フィート）9〜12フィート 5〜6X
ニンフ

ロッドは8ft、#3〜4。ラインはDTまたはWFの3〜4F。リーダーは9ft、5x。ティペットは6Xを3ft、そして7Xを4ft足し、全長を16ftにする。マーカーはフライから1m以内に取り付ける

マーカーの選択方法

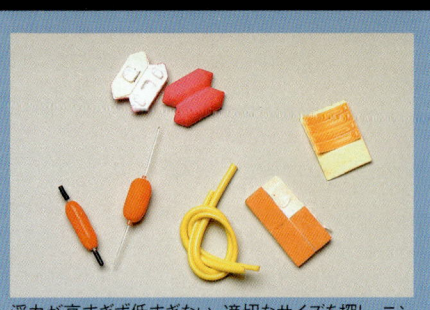

浮力が高すぎず低すぎない、適切なサイズを探し、ニンフの重さとのバランスを考える

ニンフとは、カゲロウやカワゲラなどの幼虫を指す（トビケラやユスリカの幼虫はラーバという）。ニンフのフライは、それらの幼虫を模したもので、ホンモノのように川底を這うさまや、あるいは流される様子を演出して、魚を釣り上げる。

餌釣りでは、オニチョロ（カワゲラの幼虫）やカメチョロ（ヒラタカゲロウ）などの水生昆虫が餌として使われるが、その釣りをフライで行なうと思えばいい。それがニンフィング。ニンフが活躍するのは、水温が低い、あるいは高い（いずれも魚の活性が鈍くなる）ときや、増水して魚が底に着いたまま動かない、などの状況で、ドライフライではとうてい釣れないような場面。そんな状況ではニンフ以外の選択肢はないのだが、ドライフライでもなんとか釣れるという状況でニンフを流すと、ドライフライだけで釣ったときよりも、ずっと安定した釣果を得ることができる。また、ドライフライを見に来るがなかなかアタックしないとか、出てもくわえないなど、ドライフライを明らかに警戒している様子ならば、ニンフに交換するだけで、警戒していた魚も安心してフライを口にするようになるのだ。

今回、里見さんが使用したマーカーはロールタイプ。シート状のものを丸めて取り付ける。マーカーにはさまざまなタイプ、ルースニング専用のウレタンが筒状になっているものや、ムートンでできているもの、粘土状になっているものなどがある。それらは、ともにニンフを支える適度な浮力を備えている。ただし、マーカーの選択はフライの重量とのバランスをとりたい。浮力が高いと魚はマーカーを引き込むまでに違和感を覚えて、フライを吐き出してしまう。

56

ポイントの攻略 ── ポジションの違いと流し方

ニンフフィッシングには、2通りの攻略法、スタイルがある。ひとつが餌釣りスタイルのアウトリガー。もうひとつがルースニングだ。アウトリガーは餌釣りの感覚なので、ロッドは長いほうが有利。立ち位置は、ポイントにきわめて近くなる。

それに対し、ルースニングはドライフライの感覚で楽しめるスタイル。いわば浮き釣りで、浮きに代わるマーカーをリーダーに付け、その動きで魚のアタックを判断する。マーカーをドライフライに見立て、キャスティングし、ポイントを攻めるのだ。

本来、ふたつの釣法の基本システムは異なるが、必ずしも、そのタックルがなければ釣りができないわけではない。1本のロッドで代用し、ふたつのスタイルを楽しんでもいい。

さて、写真からも、釣り方によって明らかに立ち位置が異なることが分かるだろう。ルースニングに人気なのは、日本の渓流に適した新しい釣り方であると同時に、流速のある流れをテンポよく、ドライフライの感覚で楽しめるからだ。上流に向かってフライをキャストし、水中のマーカーでアタリをとる、という釣りの流れは、基本はドライフライの釣りと変わらない。違いは、フライが水面にあるか水中にあるか、それだけなのだ。

アウトリガー

① 写真左下奥、突き出た壁に流れが当たる場所がポイント。リーダーキャストでフライを振り込みやすい位置まで移動し、ニンフを流れに乗せる

② 流れるフライの動きに合わせて体の向きを変え、壁沿いにフライが流れるようにロッドを操作する。フライラインを水面に落とさずテンションを保つ

リーチを生かしてダイレクトに攻める
キャストがリーダーキャストになるため、狙うポイントまでの距離が制約される。腕を伸ばし、リーチを十分に活用してポイントを攻める

ロッドで流れをトレース
ここでもフライを自然に流すことが大切。ロッドである程度の操作はできるが、フライが流れの筋から外れないように、上手にトレースすることが肝心だ

ルースニング

① アウトリガーとまったく同じポイントを狙った場合の立ち位置。ポジションはアウトリガーより下流に立つことになる。奥の流れの筋にキャストする

② 壁沿いにマーカーを流す。手前の流れでドラグがかからないように注意。ドライフライの釣りと変わらないが、水中のフライよりマーカーが先行するように流そう

ドライフライの気分で手軽に攻める
キャストはアップストリームやアップクロスで。ラインも水面に落とし、マーカーをドライフライに見立てる。ニンフを意識せず楽しめる

ラインの処理が大切
マーカーを先行させるためにはラインスラックの処理が大切。マーカーが止まったらロッドを軽くあおる。それがアタリでなければふたたびマーカーを流れに乗せる

アウトリガーの釣り

アウトリガーは餌釣りの「ミャク釣り」と同じ釣り方。餌釣りでは長いのべ竿（リールを使わない竿）が使われるが、それと同じように、ラインを長く出すことなく釣りをする。そのため、全長の長いロッドが有利で、フライフィッシングでは9フィートを標準とする。

アウトリガーの釣りでは、リーダーのテンションを保ち、フライを適切な深さに沈めるために、ショット（がん玉）を付けたり、あるいはビーズヘッドやウエイテッドニンフなどの、自重のあるフライを使う。ショットは、フライから20〜40センチのところに付けるのが理想的。

ロッドティップからショットまでは、糸が張られてアタリを伝えやすく、ショットやウエイテッドニンフの重さでフォルスキャスティングがしにくいため、立ち位置をポイント近くにする。流れをまたぐような位置に立つのは、魚に気配を悟られないためだ。そして、リーダーキャストでフライをポイントに送り込む。

ショットからフライまではティペットに自由を与え、フライが魚を誘う。ビーズヘッドやウエイテッドニンフは、ロッドティップからフライまでがその自重によってピンと張られる。そのため、アタリもダイレクトに伝わってくる。

流れをしっかりとトレースする

①ポイントの上流側にフライを打ち込む。トレースしたい流れに乗るまでは、フライを落とす場所を少しずつ変えながら、何度も流してみるといい

②トレースするラインからフライが外れないように注意する。フライの流れるスピードに合わせ、ロッドを自然に追従させよう。フライの浮き上がりにも気を配る

腕の動きが大切

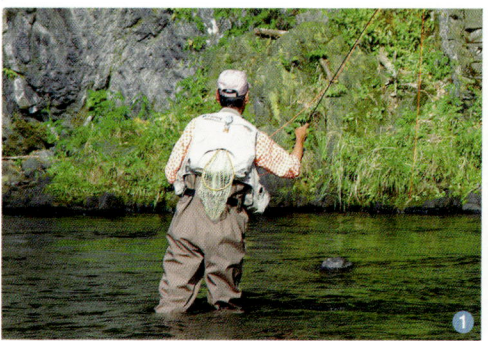

①トレースするラインは、最初は上流側に遠く、正面で次第に近くなり、下流側で遠くなる。正面ではロッドを上げて、フライまでの距離を調節する

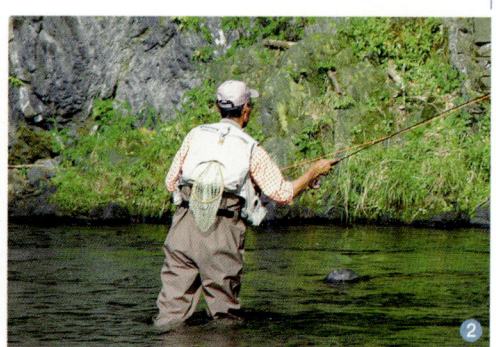

②ラインが正面を過ぎたら、フライが手前に寄せられないように腕を伸ばしてロッドを操作。フライを流れに送り込むようにする。ちょっとした工夫で釣果は伸びる

荒瀬を釣る

左＝アウトリガーは太い流れで確実にニンフを沈める釣り方だが、小渓流の瀬のスポットを釣り上がることも可能だ。しっかりと狙いをつけてフライを打ち込む。上＝難易度は高いが、ショットを付けず、あるいはショットを軽くして、リーダーの変化でアタリを読み取る釣り方もできる

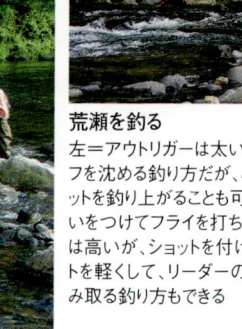

沈めるためのひと工夫

ティペットを、水になじみやすいフロロカーボンにすることで、ニンフは扱いやすくなる。アユ用のハリスにも同等品があるので代用してもいい

ルースニングの釣り

ルースニングは、マーカーがドライフライで、その先にニンフがあると考えればよい。マーカーは浮きのような役割をするので、極端に自重のある重いニンフはあまり使わない。ニンフが重いとマーカーが沈んでしまい、アタリを知ることが難しくなるからだ。

そのため、ニンフはノーウェイトか軽量なビーズヘッドなどを多用する。釣り方はドライフライのそれで、ポイントの下流側に立ち、アップストリームやアップクロスでキャスティング。マーカーとニンフが付いているので、ドライフライに比べてフォルスキャストはしにくくなるが、投げ急がず、確実にワイドなループを作ることを意識しよう。

アタリは、マーカーが沈んだり、流れのなかで止まったりすることで判断する。そのとき、ロッドを立ててアワセる。アワセの加減は、マーカーが少し移動するくらいで大丈夫。マーカーが沈むなどの変化が現れても、必ずしもアタリとは限らない。ニンフが底を擦り、フライが石などに引っ掛かることも多いのだ。水量や流れの深さをみて、マーカーとフライの間を短くするといい。ラインスラックをとり、マーカーニンフよりも先に流れるように操作して、アタリに備えよう。

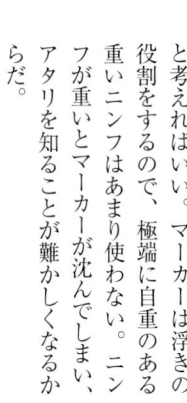

ルースニングはマーカー先行で流す
マーカーより水中のニンフが先行する（下流側に来る）と、ティペット部がマーカーを中心に「くの字」に曲がることになり、魚がフライをくわえても、ティペットが弛んだままでマーカーに反応が出ないので注意

里見栄正さんのフライとタックル

MSC、#12。 メイフライ、ストーンフライ、カディスの頭文字をとって命名された。どんな虫の幼虫にも見えるという便利なパターン。ルースニングの定番品

MSCビーズヘッド、#12。 こちらはビーズヘッドで輝きをプラス。ビーズがショットの役割を果たしている。アウトリガーで使ってもいい。実績が高いお勧めパターン

フェザントビーズヘッド、#12。 MSCのシルエットは太めだが、こちらは細めのシルエット。ボディが太いものと細いものとを使い分けると、効果的に攻めることができる

ロッドは自ら開発したシマノ・フリーストーンSCL8033。8feet3inch、#3。リールもシマノ・フリーストーン。ラインはDT3Fを使用。ルースニングやロングリーダーに最適なデザインがされた1本

キャストにもひと工夫

1. マーカー＆ニンフのシステムはオーバーヘッドでは投げにくい。そのため、ロッドをやや横に倒した状態でフライを引き抜く

2. バックキャストでラインの重さを感じたら、ロッドを立てて、オーバーヘッドのコースに戻す。体の右側で半円を描くようにロッドを操作する

3. ラインがフォワードとバックで違う軌跡をたどることが分かる。このキャストで、ラインが絡まるトラブルを防ぐことができる

どんな場所でも攻略できる
キャストができるルースニングだから、プールの攻略だってお手のもの。アウトリガーとは違い立ち位置に制約がないので、さまざまな場所で活躍する

ウエットフライの釣り —— 大物狙いに威力を発揮する釣り

WetFly 杉坂隆久が教える ベーシックテクニック

本流の大物狙いはウエットフライフィッシングの独壇場。それは、ドライフライとは別の世界。大物を釣りたければウエットフライの門をたたこう。本流の釣りにこだわる杉坂隆久が、ウエットの世界、その魅力と基本テクニックを紹介する。

ラインの流れ方からフライの位置を予測する。水中をイメージして楽しむ釣りだ

基本システム

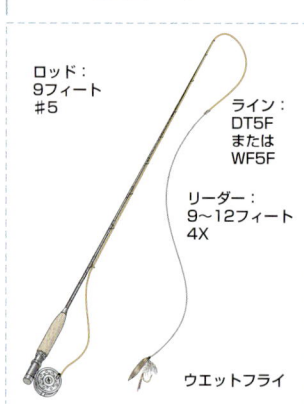

ロッド：9フィート #5
ライン：DT5FまたはWF5F
リーダー：9〜12フィート 4X
ウエットフライ

タックルは9ft5番が基準。ただしドライフライとの兼用なら8ft4番でも楽しめる。ティペットは、大物のヒットに備えて最低でも4Xを選びたい

ティペットは4X以上を。フライを先行させて魚に見せるので、ティペットが多少太くても魚に嫌われることはない。また、ドライフライのようにドラグの回避のために長くする必要もない

ウエットフライの釣りは、ドライフライの釣りとは異なり、フライを見ながら釣りをすることが少ない。流れを見て、魚がついている場所を予測し、水中をイメージしてフライを操作する。この説明だけでは、ウエットフライの釣りは難しい、と思うかもしれない。

しかし、それはウエットフライの楽しみ、醍醐味のひとつであって、決して釣りそのものが難しいわけではない。むしろ釣り方は単調。アタリも向こう合わせが多い。フライが見えないことを嫌って、ウエットフライの釣りをしたことがない、という熟練者も多い。魚もフライも見えないことに不安がつのるからだ。しかし、何はともあれフライを結び投げてみるべきだ。こんなに手軽に、大物を狙える釣りは、ウエットをおいて他にはないのだから。

ウエットフライとカディスの関係

トビケラのピューパ（蛹）。この姿で泳ぎ、浮上して脱皮をする。ウエットフライは、これが泳いでいる姿にも見える

カディスピューパ。トビケラをリアルに模したパターン。ウエットフライと同じようにして使うフライ

色とりどりの色彩が魚の視覚に訴えるウエットフライだが、昨今では、それらはおもにカディスを模している、という考えが定着している。カディスのピューパ（蛹）のなかには、そのようにカラフルなものも少なくないのだ。外観がリアルなカディスピューパのパターンだが、その使い方はウエットフライとまったく同じ。リアルさを追求してピューパを選ぶか、ウエットパターンの汎用性を重視するか、意見は別れるところ。いずれにせよ、想像以上の働きをする。

ウエットフライの流し方。×印にフライをキャストし、扇型にドリフト。ラインが岸と平行になるまで流す。そしてリトリーブで回収。①で2度流し、反応がなければ2歩移動して②へ。同様に2度流し、次の③へ移動するという釣り下がりのスタイル

フライのスイングを調整

ラインのテンションが大切。ただしドラグには注意する。ラインとフライが真っ直ぐになるように流すのがポイント。ドラグでラインが膨らみそうになったら、上流側へのメンディングで修正する。このときラインスラックが出ないように注意しよう。アタリは突然、手元に伝わってくる。ラインが岸と平行になったときにヒットすることも多い

ポイントの攻略

ウエットフライの釣りは、ダウンクロスで、下流に向かって流れを横切るようにキャストする。そして、スラックをやや張った状態でアタリを取り、ラインをやや張りつつ。この時、ラインがカーブを描いて膨らむことがある。これがドラグだ。このとき、フライラインにフライが引っ張られているのがわかるはずだ。ドラグを避けるためには、上流側にメンディングを入れ、常にラインとフライが真っ直ぐになるように注意しよう。

そして、岸と平行に、フライラインが一直線になったら、リトリーブでフライを回収する

扇型にフライを2度流したら、2歩下流側に移動。同じことを繰り返す。ツーキャスト・ツーステップダウン（2投したら2歩下流側に移動）というように、一定のルールを決めて対処する。そうすると細かな扇型の線をいくつも引くように、川をくまなく、面で探ることができる。ポイントを定めなくても、広く、細かく、探ることが可能なのだ。

ウエットフライは、カディスやヒラタカゲロウ等のような水中羽化する昆虫を模した効果や、ルアーのように、フライの色や動きで誘い、衝動的に魚を魅了する効果もあるといわれる。それゆえ、魚に効率よくアピールすることができる。タイミングの楽しみも含め、奥の深い釣りといえる。

ロールキャストを活用
ドライフライのように、フォルスキャストでフライを乾燥させる必要はない。ロールキャストで打ち返しをすると効率がいい

ウエットフライの効果

ドライフライで釣れる状況下はもちろんのこと、雨でやや増水したさ濁り程度の場合では、ドライフライよりウエットフライのほうが効果的。このように川の状況に左右されないのが、ウエットの釣りの利点といえる。ウエットフライの釣りのテクニックは、ドライフライでも流用できる。例えば、手持ちのマドラーミノーやエルクヘアカディスを、あえてウエット的に使ってみよう。イブニングライズを狙うときに使うテクニックだが、流れが速い瀬などを釣るときには、日中でも有効。魚が水面近くまで来るがフライをくわえないという場合、フライをウエットに変更すれば高い確率で釣ることができる。

できる。

水温が高すぎたり低すぎたりして、魚の活性が低い状況では、ウエットフライに対しても反応が悪いときがある。ウエットフライはフライを水中でスイングさせることが前提なので、フライを魚の目前に留めることができない。魚がフライを追わないときは、ニンフのほうが極めて有利になる。魚の活性に合わせて使い分けるようにしたい。

このように、ウエットフライをドライフライやニンフと関連づけて使用することで、さらによい釣果を得られることも少なくない。

さて、ニンフ同様にリアルなフライのなかでも、カディスピューパはウエットフライと同じように使用する。その場合、フックのシャンクにウエイトを巻き込んだウエイテッドパターンを使ったり、シンクリーダーを使うことによって、フライに縦の浮き上がりの演出をさせることも可能だ。これは、虫の特性を捉えたフライの使い方のひとつ。ウエットフライの釣りといっても、その釣り方、活用方法はさまざまだ。

ドライフライとウエットフライ

ドライフライは、同じポイントを下流側からアップクロスで狙う。狙う魚は同じでも、立ち位置は大きく異なる。カディスタイプのドライフライは、ドラグフリーでも、ウエットフライのようにスイングさせても使える

ウエットフライは、上流側からダウンクロスでポイントを攻略する。ライズがあればエルクヘアカディスなどを同じように流してもいい

ニンフとウエットフライ

ニンフに変更し、ルースニングで攻める。立ち位置はさらに下流側に移動。魚の活性が低いので、魚の鼻先に自然に流れるようにフライを送り込む。状況に応じて、このようなフライの使い分けをすると効果的だ

サイトフィッシングでウエットをスイングさせ攻略する。活性が低いと、魚はフライをチラッと見ても、定位置からは動かない

釣果アップのドロッパーシステム

リード・フライ
ドロッパー・フライ

① ティペット／リーダー
②
③
④ 15cmくらい残し、先にフライを付ける

リーダーに枝素を出して、フライを2本付けるドロッパーシステム。枝素に取り付けるフライをドロッパー、リーダー先端に結ぶフライをリードフライと呼ぶ。2つのフライを泳がせて、魚に対するアピール度を高める。ドロッパーは魚の注意を引く役目。リードフライよりも大きくなる。

派手なフライを選ぶのが基本。ドロッパーで誘い出された魚は、その後に通過するリードフライに食いついてしまうという仕組だ。針が2本ついているのでトラブルが心配だが、ドロッパーの枝素をリードフライのそれより太くすると絡みついたりしなくなる。

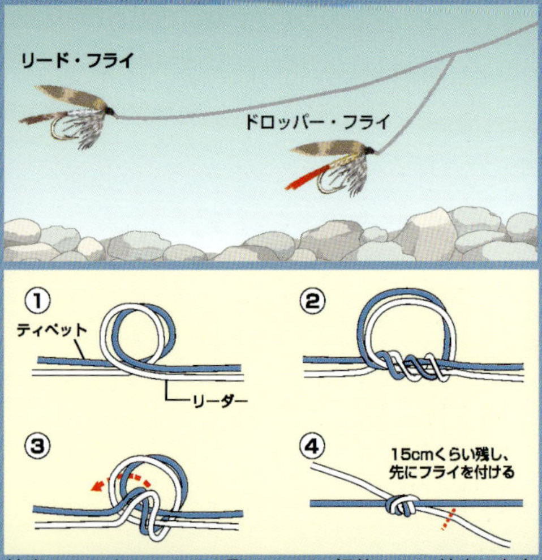

枝素はサージェントノットで取りつける。餌釣りでは、枝素は上向きに出すのが習わしだが、フライフィッシングでは下向きに取りつける。枝素は15〜20cm、ティペット部は60cm程を目安にするといいだろう

流れを読む

流れを広くトレースできるウエットフライだが、日本のフィールドでは、たとえば小渓流では流れに突き出た岩などが多く、長いラインを自由に流せるわけではない。そのため、魚がいるだろうと思われるポイントを重点的に、短い距離に区切って、テンカラ釣りでフライだけをスイングさせたり、テンカラ釣り（日本式の毛針釣り）のように、ロッド操作でフライポイントを拾いながらウエットフライで釣りをする必要に迫られることも多い。

例えば、ドライフライで釣るような小さなスポットを、ウエットフライで狙うこともある。リーダーキャストでフライを見極めることができれば、より理想的な攻略ができる。釣り方が異なっても、魚が好むポイントは決して変わることがないのだ。

ウエットフライの釣りに自信がない人は、ドライフライで渓流を釣り上がり、帰りにウエットフライで釣り下ってくるといい。ドライフライでは掛けられなかった魚がいるポイントを覚えておき、そこでウエットフライを使えば、高い確率で魚が釣れるはずだ。さらに、この釣りでは大型の魚に恵まれることも多い。イブニングでは予期せぬ釣果を得られるかも。

さて、この釣り方では渡渉の危険性を心得ておくべきだろう。多少のささ濁りといった悪条件でも釣りができるため、さまざまなリスクを冒しがちだ。下流に釣り下っていくため、たとえ増水していても流れを歩くのが楽なことから、増水時の危険を軽視してしまうことがある。強い流れに足を滑らせて転倒すると、一瞬の気の弛みが釣り場での事故につながることもある。十分に注意して楽しんでもらいたい。

瀬のようにいくつも石が頭を出しているポイントでは、流れにべったりとラインを置いてしまわず、ロッドを少し高めに掲げて水面に接するラインの部分を短くすると釣りやすい

上流側に戻るときは、テンカラ釣りのように水面をフライで叩きながら帰ってもいい。基本はリーダーキャスト

杉坂隆久さんのフライとタックル

マーチブラウン、#10。ウイングを立てた定番スタイル。メイフライやカディスとして使用することができるパターン。ウエットフライ特有の派手さはないが、大物に実績が高い。必ず用意したい1本

ソフトハックルフライ、#12。シンプルなフライだが、確実な釣果を約束してくれるパターンのひとつ。テンカラ風に使ってもいい。タイイングも簡単。異なる複数のボディカラーを試してみるといい

スペックルドセッジ、#10。ヒゲナガを意識して使われるボディハックルをたずさえたウエットパターン。ボディハックルを巻くと沈みにくく、積極的に水面直下を狙う場合は効果的な演出ができる

ロッドはレビューRXⅡ9104W。9feet1inch、#4。リールはレビューの旧モデル。ラインはWF4F。やや長めのロッドのほうが、格段にフライラインの操作がしやすい。できればウエット専用の5番タックルを用意したい

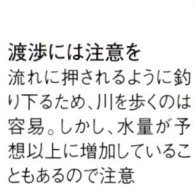

渡渉には注意を
流れに押されるように釣り下るため、川を歩くのは容易。しかし、水量が予想以上に増加していることもあるので注意

PART 2 実践テクニック
湖の釣り・ベーシックテクニック

湖の釣り

Streamer 小宮圭介が教える
ベーシックテクニック
——シューティングヘッドでストリーマーを引く

湖の釣りの魅力は、なにより ビッグワンに出会えることだ。渓流ではあまり目にすることのないニジマスやブラウントラウトなどの大型魚が夢を見て、多くのアングラーが湖に通う。ここでは、湖のフライフィッシングの基本となる攻略方法を、小宮圭介が解説する。

遊覧船が入る湾内は魚がたまりやすい好ポイント。ロングキャストで広く探る

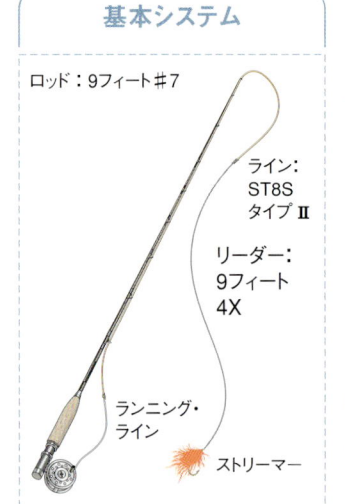

基本システム

ロッド：9フィート♯7

ライン：
ST8S
タイプⅡ

リーダー：
9フィート
4X

ランニング・
ライン

ストリーマー

ロッドは9ft、♯7。ラインはST8〜9S、タイプⅡ。WF7番で掛かる負荷はSTの8〜9番に相当することを考慮する必要がある。リールはバッキングが十分に入る大型のものを

STのシュートはタイミングが大切。バックキャストで十分なパワーをため込み、シュートで一気に放出する

湖の攻略は、ウエーディング（岸釣り）とボートからの釣りに大別することができる。本書では、一般的で人気も高い、ウエーディングの釣りを中心に紹介しよう。

湖攻略のカギはラインシステム。湖では、DTやWFのラインよりも、効率的に飛距離を出せるシューティングヘッド（以下ST）を使うことが多い。STは全長9〜12ヤードの遠投用フライラインで、このSTにランニングラインを接続してラインシステムを作る。フォルスキャストは、STをトップガイドからすべて出した状態で行なうが、WFのラインのフォルスキャストと比べてバックスペースは短距離ですみ、フォルスキャストの回数も減らせる。

このラインシステムのポイントは、STの選択にある。7番指定のロッドには、8〜9番のSTを装着する。例えば、30ヤード投げる場合、WFでロッドの指定番手と同等にWFを使用したときと同等にロッドを曲げる（そのラインの重さでロッドを曲げる）シュートする。一方、ST自体は全長9〜12ヤード。シュート前にはそのラインの長さしか出ていない。このとき、ロッドの指定番手と同じSTでは、

なぜシューティングヘッドを使うのか

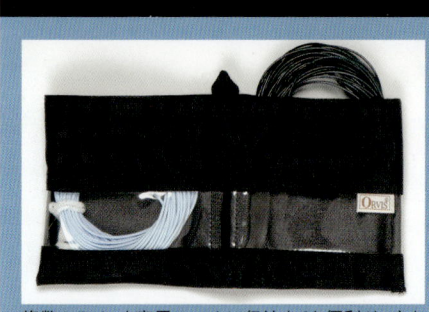

複数のラインを専用ワレットに収納すると便利だ。少なくともフローティングとタイプⅡは用意しよう

シューティングヘッド（ST）は、ランニングラインをトップガイドから少し出して投げる。ST自体は9〜12ヤードで、バックキャストでリーダーが伸びきってもバックスペースは20ヤードあれば十分にキャストが可能だ。ウエーディングの釣りでは、狭いスペースで投げられることが肝心だ。また、9〜12ヤードのラインをフォルスキャストするだけなので、フォルスキャストの回数を減らせ、疲労も少なく、手早く投げることができる。

64

キャストの方向とシンクレート

立ち込むポイントは、ウエーディングできる遠浅な場所を選択する。湖沼図で等深線を見たり、高台から湖面を観察してポイントを選ぼう。キャストは沖に真っすぐ投げるだけでなく、左右ワイドに。朝夕は魚がウエーディングする足元まで回遊してくる

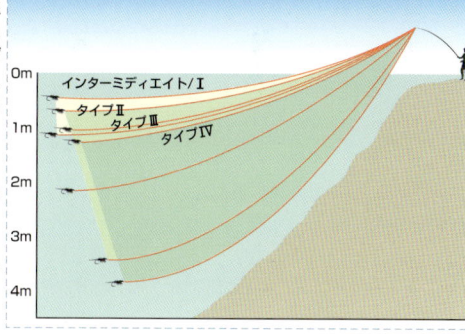

シンキングラインは沈下スピード別に複数のタイプが用意されている（通常タイプⅠ～Ⅴ）。数字が大きいほど沈むスピードが速くなる。一直線にたるみなく沈むユニフォームシンクなどのラインが、アタリをとりやすく便利だ

遠投のポイントはバックキャスト
遠投を意識すると、バックキャストでラインが下がり水面を叩きやすい。ときどき、後方のループ確認を

小宮圭介さんのフライとタックル

マラブーストリーマー、#8。アオミドロに代表されるマラブーだけを使ったシンプルなフライ。オリーブを基本にして、さまざまな色で作ってみよう

ソフトハックル、#12。湖では万能なパターン。ライズがあれば、フローティングラインと組み合わせて使う。ストリーマーへの反応が悪いときに使用する

マドラーミノー、#8。ワカサギが湖面にフラフラしている状況ならこのフライ。古典的なパターンだが、浮かべても良し、沈めても良しで、手放せない

ロッドはハーディ・デラックス9feet6inch、#7。リールはレビュー。ラインはST8SタイプⅡ。ランニングはレベルライン。リーダーは9ft、4Xでフライを直接結ぶ

ポイントの攻略

湖のポイントは、ウエーディングが可能でバックキャストのスペースを十分に確保できる場所がいい。砂浜が好まれるのは、これらの条件を満たしているからだ。なかでも、流れ込みや岬状にカケアガリが延びている場所は魚も集まりやすく、ポイントとして申し分ない。

その攻略だが、魚はカケアガリに沿って移動することを念頭におく。ただ真っすぐ浜から沖に向かって投げるだけでは、リトリーブするフライの移動はカケアガリのポイントに対して垂直に、一瞬で通過してしまう。少し左右にロッドを振る余裕があれば、角度をつけてキャストするといい。フライがカケアガリにとどまる時間を稼げ、ヒット率は向上するはずだ。

STラインの選択だが、湖ではおもにシンキングラインを使う。シンキングラインは、沈下スピードの異なる複数のタイプがある。最初に購入するラインにはタイプⅡを選ぼう。このように、着水から秒針を数える要領でカウントダウンを行なう。

このように、湖を、ラインで上下に、エリアで左右に攻め、魚の居場所を探っていこう。

ロッドを曲げるのに必要な重量に満たない。そこで、ライン自重の不足に満たうために、ロッドの指定番手より1～2番手上（重い）のSTにするのだ。

リトリーブに変化をつける
ストロークは「小刻みに速く」するか「長くゆっくり」に。ロッドティップを水中に入れるとアタリをとりやすい

PART 2 実践テクニック 湖の釣り・ダブルハンドロッドの釣り

杉坂隆久が教える 湖 ダブルハンドロッドの釣り —— ダブルハンドが湖の可能性を広げる

近年、ダブルハンドロッドの釣りが密かな話題を呼んでいる。ダブルハンドロッドを手にした人の多くが、もう湖ではシングルハンドを持つことはないだろう、と語る。また、湖の釣りをラクにしたともいう。まだまだ発展途上にあるダブルハンドロッドの釣り。その魅力を、第一人者の杉坂隆久が解説する。

少ないフォルスキャストでシュートしても、きれいにラインが伸びて行く。それがダブルハンドロッドの美点

基本システム

ロッド：12フィート #7
ライン：DT4F または WF4F
リーダー：12〜16フィート 5X
ウエットフライ

ロッドは12ft、#7。ラインの巻き癖を防ぐためにもリールはバッキングが50yd以上入るものを。リーダーは12〜16ft、5Xが標準（ウエットの釣り）。場合によってティペットを継ぎ足すことも

ダブルハンドロッド（以下ダブルハンド）を使った湖の釣りは新しい釣り方だが、近い将来、湖の主役となるであろうとまでいわれている。

ダブルハンドを用いる利点は、まずフォルスキャストを減らすことができるということにある。シングルハンドで、シュートまで何度もフォルスキャストを繰り返していたのが嘘のように、少ない回数でシュートすることができる。そのため、シングルと比べ、ロッドを1日振っていても疲れにくい。また、湖の釣りでロングキャストが要求されるのは、魚が好むカケアガリが遠いためだが、そこまで投げないと釣れない、という状況が多々ある。そんなとき、飛距離を出しやすいダブルハンドは有利だ。

ダブルハンドのロッドには、シューティング用とスペイ用がある。シューティング用は、シューティングラインを用いるロッドで、スペイ用ラインを改良したダブルテーパーや専用のラインを使い、スペイキャストを活用するものだ。スペイキャストとはロールキャストを発展させたようなキャスティングで、バックスペースを必要としないが高度な技術をともなう。

ポイントの攻略

さて、ここで私がすすめるのはウエットフライを使った釣り。ユスリカなどを狙って表層近くに浮いている魚がターゲットだ。場所と季節にもよるが、上下に広い層を狙う釣り方をせず、主にフローティングラインを使う、マッチ・ザ・ハッチ的な釣りだ。シンキングラインがなくても楽しめる。湖の釣りをこれから始めてみたいと思っている人にも、入門しやすい釣り方だ。

キャストしたら、ゆっくりラインをリトリーブする。ウエットの釣りなので、ストリーマーのように、逃げまどう小魚を意識して手早くラインをリトリーブすることはない。

ダブルハンドの利点

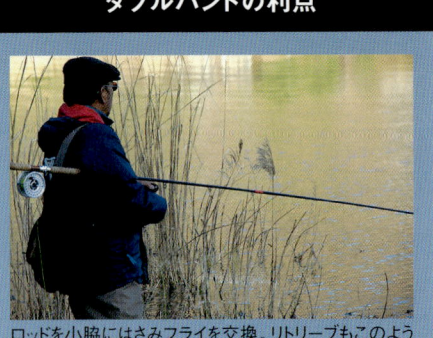

ロッドを小脇にはさみフライを交換。リトリーブもこのようなスタイルで行なう

フォルスキャストの疲れが少ないことがキャストで利点。シングルハンドはキャストで頑張らないと飛ばないが、ダブルハンドのキャスティングなら、同じ距離をより楽に投げられる。ダブルハンドのキャスティングはシューティングとスペイがあるのだが、スペイキャストをマスターすればスペイスも気にすることはない。増水時、バックスペースが取れずにあきらめていたポイントも、ダブルハンドのスペイという方法なら釣りができるのだ。このメリットは大きい。

PART 2 実践テクニック

湖の釣り・ダブルハンドロッドの釣り

時間と風向きがポイントを決める

初めて訪れる湖ではポイントの判断が難しい。湖沼図等で水深を確認し、ウェイディングに適した場所を探しておこう。釣り場では風向きを考え、風下になる地点を選択。朝夕のマズメ時の実績が高い

湖の釣りではロングキャストが求められる。ダブルハンドは少ないフォルスキャストで、手早く、遠くにキャストすることが可能だ。スペイシューティングといったスタイルで楽しむ

杉坂隆久さんのフライとタックル

ソフトハックルフライ、#12。ウエットフライのページでも紹介しているが、このフライは湖の釣りでも欠かすことができないもの。とくに、秋の湖では絶大な効果を発揮する

オリーブセッジ、#12。スタンダードな、ウイングを立てたパターンで、ライズが近いところで見られる場合に使用するといい。キャスト時にウイングが抵抗となることがあるので、キンクには注意する

ルードボディストリーマー（キール）、#6。1月からの厳冬期にシンキングラインと組み合わせて使用する。フックがキール（上向き）になっているので、リトリーブ中も障害物に根がかる心配がない

ロッドはTSR・DSP1378とDSP146910。13feetの#6～7と14.5feetの#9～10。共にスペイキャスト用のダブルハンド。リールはオリジナルのハンドメイド品。ラインはスペイキャスト用のWFを使用している

ただし、魚が明らかに深い層にいると分かったときは、やはりシンキングラインの出番となる。また、逃げまどう小魚が見えたときには、マッチ・ザ・ベイトでストリーマーを使おう。基本はフローティングのウエットの釣りだが、それが有効なのは、秋～冬。冬～春にかけてはハッチが少なくなるのでストリーマーを多用する。状況に応じて対処したい。

魚の回遊はカケアガリを基準としているが、いつ、どのようなタイミングで回遊してくるのか、これは想像の域をでない。しかし、湖上に吹く風が、釣り場のポイントを決定する要因のひとつになっていることは確かだ。狙いは風下。キャストしにくいが、波が寄せられ、魚の餌場になっていることが多い。こういう状況では魚が岸近くに寄るので、無理にロングキャストをする必要はない。

この釣り方は管理釣り場のポイントでも大いに応用できる。そこで腕を磨くのもうれしいことに大きな管理釣り場でも湖を想定した練習ができる。そこで腕を磨いておくのも手だ。

スペイキャストとラインの処理

スペイキャストは、オーバーヘッドのフォルスキャストで掛かる加重を、水の抵抗に置き換え利用するテクニック。ロールキャストの発展型のようなキャスト。シュートするとラインが勢いよく引き出される

右人さし指にラインを掛けてリトリーブ。ラインはシングルハンド同様に足元に落とす。ウエットフライを使うときは、スラックを取る感じでゆっくりとリトリーブ

PART 2 実践テクニック｜管理釣り場の釣り

管理釣り場の釣り

Area 小宮圭介が教える
ベーシックな攻略法——必ず魚がたくさん釣れる攻め方

登竜門として、またはオフシーズンの練習の場としてなくてはならない存在の管理釣り場。しかし、目の前には溢れるほど魚がいるというのに、満足できる釣果が得られないと嘆いている釣り人も少なくない。そこで、必ず魚が釣れる隠れたテクニックをエキスパートの小宮圭介が解説する。

渓流の攻略

流れの中にいる魚を狙う
見えている魚が多いだけに気もそぞろになるが、水面が波立って、魚の姿がしっかり確認できない場所のほうが狙い目。流れが速くなる落ち込みなどは代表的

アプローチする場所で釣果も変わる

いかにポイントにアプローチするかが問題。ドラグが気になるなら、橋を利用して、まっすぐ流してみるのも手

もちろん上流側も。ウエーディングで狙っている感覚。くれぐれも人の邪魔にならないように注意したい

流れが緩やかな開きでは、ウエットでキャスト&リトリーブ。魚にフライをじっくり見られないようにする

アタリフライが見つかれば、そのフライだけで、シーズンを通して確実な釣果を得られるようになる。かなりのアドバンテージ

昨今は、エリアという呼び名で親しまれている管理釣り場。人の手によって管理され、魚も十分に放流されているのが大きな魅力だ。魚がたくさんいるのだから釣れないわけがない、と軽視しがちだが、いざ釣りを始めてみると、想像以上に苦戦を強いられた、なんていう経験をした人も少なくないだろう。魚が見えているだけに悔しさもひとしおだ。

フィールドの形態は、個々の管理釣り場によって異なる。自然の流れをそのまま取り込んだところや流れを人工的に作ったところ、湖のように大きなポンド（池）などなど。それらのなかから、自分がやりたい釣りのスタイルにあったフィールドを運営している管理釣り場を選択する。

管理釣り場用のタックルは、特別に用意する必要はないが、手持ちのタックルがそのフィールドに適しているかどうかは、事前に確認しておきたい。

流れの攻略

渓流を模した流れのあるフィールドでは、ライン指定が5番までのタックルを使う。一般渓流での釣りを想定し、ライズをしている魚だけを狙ってマッチ・ザ・ハッチの釣りをしたり、ルースニングやウエットの釣りの練習をしてみるなど楽しみ方はさまざまだ。

大切なことは、どこにいる魚を釣るかということ。もっとも釣りやすいのは、やや速い流れのなかにいる魚だ。ここで定位している魚には「やる気」がある。捕食しやすい場所で餌を待っているのだ。ここならどんな釣り方であれ、魚がアタックしてくるだろう。問題なのは開きにいる、見えている魚だ。その攻略には、まず魚の頭の向きを注意深く観察してみる。頭が向いている方向から水は流れている。その攻略は、ドライフライからニンフ、ウエットへ、とい

68

PART 2 実践テクニック 湖の釣り

変化をもたらすストラクチャーがカギ

立ち木
障害物の周りにはイワナやブラウントラウトが付いていることが多い。ポイントによって魚種を釣り分けることも可能なのだ

散水機
十分な酸素を供給している散水機周辺にも魚が集まる。主にニジマスが対象になる。水面が波立っているので釣りやすいポイントだ

マーカーは粘土タイプ。フライの重さに応じて大きさを調節する。魚が引き込みやすいように細くするといい

管理釣り場は人が多く集まる。魚に目を奪われていると、バックキャストで後方の人を釣りかねないので注意

小宮圭介さんのフライとタックル

マラブーストリーマー #10。ストリーマーはシンキングラインと組み合わせて使用する。オリーブはペレット（養殖時の餌）の色だから魚の反応がいい、といわれている。オレンジもおすすめ

エッグフライ #14。トラウトの卵も魚は大好き。食べているという説と、卵を守るために口にするという説がある。オレンジやイエローの実績が高い。マーカーで使用する

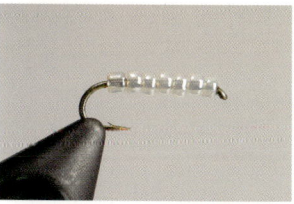

ビーズフライ 10番。タイイングのテクニック不要の隠し玉。白はクリ虫、黒はヒゲナガを模している。バーブを潰してビーズを通し、瞬間接着剤で固定するだけ。マーカーで使用

渓流用のロッドはハーディDX6feet6inch #3。ラインはDT3F。ポンド用はサセックス・ナイトホーク9feet6inch #5。ラインはWF5S。リールはともにハーディのマーキス。使いたい道具を優先させて、エリアを決める

ポンドの攻略

カケアガリもポイント
ロングキャストを楽しむのもいいが、魚が豊富なのでまずは手近なポイントを。カケアガリ沿いは見逃せない

ボート周り
ボート周りなどの影ができている場所に魚は寄りやすい。ニジマスやイワナのポイントになっている

シンキングのタイプIIを使う。ポンドでもライズがあればフローティングラインとドライフライで楽しめる

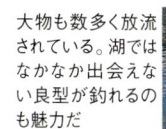

大物も数多く放流されている。湖ではなかなか出会えない良型が釣れるのも魅力だ

止水の攻略

ポンドでは、ライン指定が6番以上のタックルを使う。釣り方は、シンキングラインを使ったキャスティングの釣りとマーカーフィッシングに大別できる。キャスティングの釣りは湖を想定したもの。湖の釣りで紹介したテクニックに準ずる。ここではマーカーフィッシングについて触れておこう。

これはルースニングと同じような釣りで、いわば浮き釣り。大きな違いは流れがないことだ。ポイントはカケアガリになっている場所で遠投の必要性はない。キャストしたらそのまま放っておいてもいいくらい。釣りとしては味気ないが、確実な釣果を得られるテクニックなのだ。重要なのはマーカーとフライの距離（浮き下）。水深は短めのほうがいいだが、この距離は短くしがちだが、底近くまで沈めるために長くしたい。基本は1.5m。アタリがないときは、少しだけマーカーを引き寄せてみたり、浮き下をやや長くしてみる。また、フライの色をグリーンやオレンジなどで試してみることをお勧めする。それらは魚の食性と深い関わりがある色だからだ。

うように、表層から水中へとステージを変え、さらに動きを与えてみるといい。魚にはあまり「やる気」がない場合や、フライを吟味する時間が長い時は、「やる気」のある魚を選び、フライをしっかりと見せずに食わせるほうが得策。

69

PART 2 コラム 釣り人インタビュー②

釣り人インタビュー② 小宮圭介
スクールで教える実践メニュー

スクールは上達への近道

フライフィッシングを手早くマスターしたい初心者にとっては、ショップやメーカーが主催するスクールを活用するのが、上達の一番の近道になるでしょう。見て学ぶこともできるけど、そういったスクールの多くは魚を釣らせてくれるんですよ。やっぱり魚が先生だし、釣りというのめり込めるじゃないですか。だから、本を読んで考えるより、どんどん魚を釣らなきゃ。初心者こそ、釣ることが大切なんです。

僕がフライフィッシングを始めてから20年以上が過ぎ、プロショップで先生を始めてからは8年ほど経ちます。先生という柄ではないんですが、人に教えるようになったのは、ショップに集まる人たちが、流行の釣り方しか知らなかったからなんです。「フライフィッシングにはこんな釣り方もあるよ」って、教えてあげてほしいと店長に言われてのことでした。最初は本当に仲間内のイベントみたいなものでしたね。

初心者に最初に教えることは、まず釣ること。どんなことをしたっていいんです。型にはまった、教科書通りのことでなくてもいいんです。だって、魚が目の前にいるフィールドで、キャストの練習だけしているなんて、つらすぎるでしょ。「魚を釣るんだ」って一生懸命になっていれば、近い場所ならおのずと投げられるようになってきますからね。もうちょっとなのに届かないということになれば、キャストの練習にだって気合が入る。そうなってから練習したって遅くはないですから。まず魚を釣って、フライフィッシングってこんなに楽しいんだって感じてもらわなければ。

まったくの初心者という生徒にはビーズのニンフを渡しています。とにかく釣ってもらいたいから。マッ

スクールで学べば上達は早まり、釣ることの楽しさも覚える

触診・威嚇・摂食

チ・ザ・ハッチは基本だし、フライフィッシングでは重要だけれど、だからといって、それだけが正しいわけじゃない。そんなことはどうでもいいんです。確実に、簡単に釣れるフライであることが大事ですから。

誰もが魚にフライを食わせようとしていますよね。フライを餌に近づけて、本物同様に魚が食いつくことがいいって思っている。これは、あくまでも僕の考え方で、マッチ・ザ・ハッチを否定するつもりはないですが、ビーズのニンフを使えばわかるように、魚がフライをくわえてくれれば釣れるんです。食わせるのか、くわえさせるのかって、大きな違いですよね。要は、魚にフライを触診させればいいと思っているんです。おもしろいことに、ビーズを使ったニンフが飲み込まれたってことは一度もないんです。それは、魚がそれを「餌」とは認識していないからだと思うんですよね。でも、魚がそれを確かめるためには、かんでみる以外にないわけでしょ。だからくわえさせることができる。

僕のなかで大事だと思っているのは、触診・威嚇・摂食という3つの項目。くわえるというのは、まさに触診だと思うんです。ビーズのフライに対しては、ほかのニンフと明らかに反応が違います。マーカーへの反応も、普通のニンフならズボッといくのに対し、ジワーって入るか、

チ・ザ・ハッチは基本だし、フライとルアーの中間のようなビーズのニンフだって、黒けりゃヒゲナガのラーバにも見えますし、そんなことはどうでもいいんじゃない。フライとルアーの中間のようなビーズのニンフだって、黒け

ツンツンが続く。疑っているからですよね。だからかんで調べてみる。それから、日中に動かして誘うと、魚はすごく派手に出るんです。でも、そんな虫はどこにもいない。それって、威嚇だと思います。

生徒に魚がいる所は教えますが、それはもう覚えてもらうしかないことでしょう。そこからイメージトレーニングをしてもらいます。「頭の中で泳いでいる魚の数が多いほど釣れるようになる」。ポイントを知ることが、釣果につながるわけです。ポイントのとらえ方ですが、まず僕は「自分が魚だったら」と考えます。「あそこにいれば餌がとりやすい」って。でも、教えていて気づいたことは、熟練者ほど「前にこんな所で釣れたから」っていうことが判断基準になっていて、同じようなポイントしか狙わなくなってしまっていること。イメージをもたなくなる。頭のなかに魚が泳いでいないんですよ。所詮、フライフィッシングは遊びなんだから、もっと柔軟な発想で楽しんでもらえればと思います。

とにかく魚を掛けて釣りの楽しさを知るべき、という小宮さん。魚とのファイトを存分に楽しんでいる

PART 3
タックル

フライフィッシングを楽しむために欠かせない用具たち

使い続けることによって愛着もわいてくる道具たち。少しづつタックルをそろえていくこともまた楽しい

Rods

ロッド —— ホームリバーに合わせたロッドを選ぶ

PART 3 タックル／ロッド

フライロッドはキャスティングのかなめになる道具。それゆえ、初心者ほど慎重に選ぶ必要がある。国内外には多くのロッドメーカーがあるが、ホームリバーや釣り方に応じてロッドを選ぼう。

ロッドは、長さとライン番手、アクション、という3つの要素によって構成されている。それらの要素をさまざまに組み合わせた数多くのロッドから、川の規模や自分の釣りするスタイルに最適な1本を探し出すことが大切だ。

ロッドを選択するときは、ホームリバーを想定して、その川の規模に応じた長さのものを選ぶ。小渓流では7フィート、里川では8フィート、大川や湖では9フィート、というのがひとつの目安。さらに、釣りのスタイルやフィールドの状況、といった要素を加味して、選択する必要がある。

ロッドのライン番手は、フライラインの番手を示し、指定番手のラインを使うことでロッドの特性を最大限引き出すように設計されている。ライン番手が低いほどロッドも細く柔らかくなるので、魚の引きを存分に楽しめるという考え方もあるが、キャスティングが難しくなるという欠点もある。

ロッドのアクションは、ミディアムファストが基本。ドライフライは手返しがよく、コントロールにすぐれたややファストを、ニンフには、キャスティングでトラブルを起こしにくいややスローを選ぶ。

川でドライフライの釣りをしたいという漠然とした目的の場合、最初に購入する1本は、8フィート4番、ミディアムファストアクションのロッドがいい。いわゆる万能なロッドだが、渓相が目まぐるしく変化する日本のフィールドでは、万能であればこそ役立つ場面が多い。

ロッドのアクション

ロッドに一定の力をかけたときに、戻るスピードを表している。ファストアクションのロッドは、ドライフライのように大きなフライでもターンオーバーさせやすい。アクションはおおむね、ブランクスのテーパーデザインで決まる

- ファスト
- ミディアム
- スロー

ロッドの継ぎ数

継ぎ数は通常2〜4ピース（本）。4ピース以上のものをパックロッドという。3ピースは2ピースより携帯性に優れ、ロッドの中央部にジョイントがこないためストレス（歪み）が少なく、スムーズに曲がるとされている

ブランクスの記号

写真のロッドは、ウィンストンのロッド「DL-4」シリーズ。4ピースのロッドだ。ロッドにはブランクスのバット部に、ロッドの長さ（'はフィート、"はインチ）と指定ライン番手（♯）、継ぎ数（pcs）といった項目が、記号で表記されている

ロッドの名称

- ジョイント
- トップ・ガイド
- ストリッピング・ガイド
- スネーク・ガイド
- ブランクス
- フックキーパー
- グリップ
- リング
- リールシート
- ポケット
- ジョイント

72

適材適所のロッドを選ぶ

源流～渓流

6'9" #4 ユーフレックス／ブッシュマスター　7ft前後のショートロッドは、キャストするスペースが狭い源流や小渓流で役立つ。素材はグラスファイバー。トルクがあり、大きなドライフライでもテンポよくキャストできる。ミディアムアクション

7'6" #5 レナード／レトート　バンブーロッドは高価だが、キャスト時の独特の感触はグラスやグラファイトでは得難く、熱心な愛用者が多い。重量があるので、グラファイトより短めのものを選ぶ。ミディアムアクション

8' #3 スコット／G803/3　8ftの3番ロッドは日本の渓流の定番ロッド。小さい魚の引きを存分に楽しみたいという理由から、ライトラインモデルに人気がある。どこでも使えるオールラウンダー。ミディアムアクション

渓流～中流

9' #6 スコット／S3　906　6番ロッドは川でニジマスを相手にするアメリカのスタンダードな番手。日本の渓流でも、大型のニジマスが釣れる河川や遠投の必要がある中規模の川、湖のボートの釣りで使われる。ファストアクション

中流または湖

9' #8 スコット／S3　908　遠投を要する湖のウェイディングなどで活躍する8番ロッド。素材には高弾性のカーボングラファイトを使用している。シューティングヘッドを使う釣りでは欠かすことができない。ファストアクション

12' #6/7 ウィンストン／IBIS　ダブルハンドロッドは、遠投を必要とするフィールドで人気が高まっている。フォルスキャストを減らすことができ、スペイキャストができればバックスペースもいらない。ミディアムファストアクション

8'3" #8/9 ユーフレックス／SW　黒いグリップが特徴的な海用のフライロッド。海水での使用に耐えるよう、グリップ素材にEVAを使用。ガイドもシングルフットにするなど、独自の改良がなされている。ファストアクション

ロッドのパーツ
――フライフィッシャーのこだわりは細部に宿る

ブランクス

- バンブー
- カーボン・グラファイト
- グラスファイバー

バンブーは竹で作られているロッド。左下の写真からも分かるように、断面は六角形で、正三角形に削った竹の片を6本合わせて作られている。キャストやファイトでは、独特の感触を堪能できる。グラファイトは高弾性の素材で、軽量かつパワフル。もっとも扱い易いロッドで、初心者にも最適。グラスは低弾性だが丈夫な素材で、バンブーにも似た粘りのあるフィーリングを楽しむことができる

ジョイント

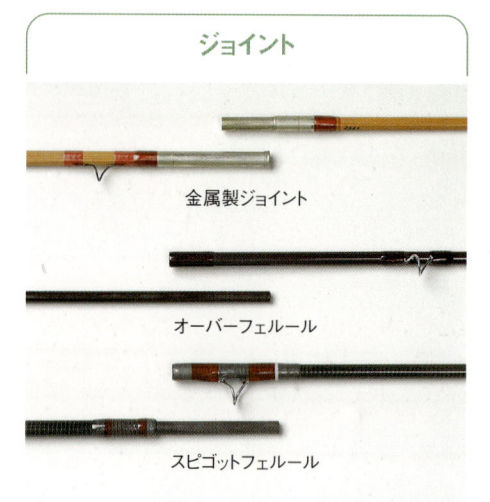

- 金属製ジョイント
- オーバーフェルール
- スピゴットフェルール

上から、バンブーの金属製ジョイント、一般的なオーバーフェルールとスピゴットフェルール。形状は異なるが性能に大きな違いはない。ロッドパワーを伝え、かつロッドの性能を最大限引き出すための工夫がなされている

ガイド

ストリッピング・ガイド
手元に近いガイドはラインで磨耗するため、滑りのよいS.I.Cなどが用いられている。ガイドはスレッドで巻いて固定し、さらにスレッドを塗料で固めている

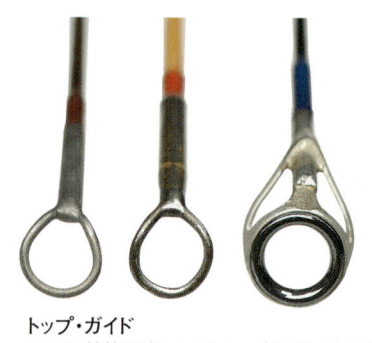

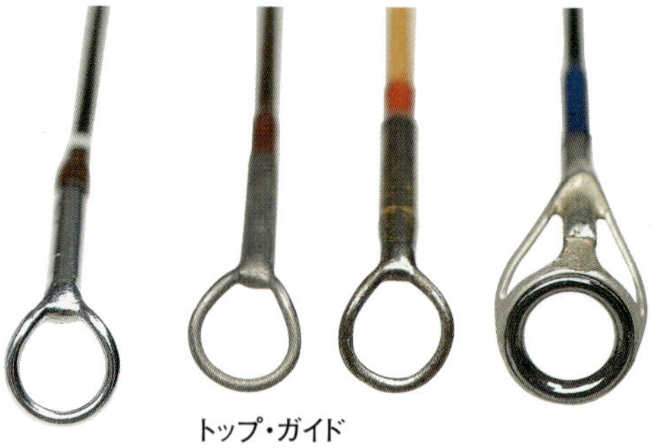

トップ・ガイド
ロッドの性能を活かすため、トップガイドは針金状の軽量なガイドを用いる。遠投を要するロッドには、S.I.C（セラミック）（写真右）が使われる

スネーク・ガイド
ロッド中間部のガイドも針金状のガイドを使う。ラインをロッドに沿わせ、ロッドのパワーを最大限に引き出すためのもの

同じ長さ、同じ番手、同じアクションとされるロッドはたくさんあり、選択に悩んでしまう。もちろん、見た目も重要だが、それぞれのパーツにも役割と機能がある。それらを知ったうえで選べば、本当に必要なロッドを選び出すことができるし、ロッドに愛着も湧くことだろう。

フライロッドは、ブランクスとグリップ、リールシート、そしてガイドが主な構成パーツ。ブランクスはロッドの本体のことで、グラファイトやグラスファイバー、ボロン、バンブーといった素材が使われる。なかでも、自重が軽く、高い反発力が得られるグラファイトが主流だ。また、継ぎ目となるジョイントには、すっきりとしたシルエットのスピゴットフェルールが使われることも多くなっている。

グリップには、手に馴染み、滑ることが少ないコルクが使用される。グリップの形状にはさまざまなバリエーションが用意されている。

リールシートには、木目の美しいウッドがよく使用される。ロッドの金具には、低番手では軽量なポケット＆リングが好まれ、高番手では確実にホールドするスクリュータイプが好まれる。

ガイドはラインの通り道。トップ、スネーク、ストリッピングなどの種類があり、スレッドでブランクスに取り付けられている。なかでも、針金状のスネークガイドは、ブランクスにラインを沿わせて、アクションを引き出す重要な役割がある。

フックキーパー

移動時に、一時的にフライを掛けておくためのフックキーパー。ラインを通すガイドではないので注意。フックを掛けたら、余ったラインを巻き取る

番手や長さに応じてグリップ周辺のパーツ構成は異なる。長く、番手が大きいロッドほど、長く、太く、堅牢なパーツが使われる

グリップ内部の構造

ブランクス
リング
スクリュー・ロック
グリップ
ポケット
スペーサー
ファイティングバット

グリップの芯には穴が開けられ、そこにブランクスが貫通する。リールシートも同様に、直接ブランクスに接着材で取り付けられる。組み立て時、ブランクスの外径と各パーツの穴の内径を合わせる精密な加工がされている

グリップの形状

左から、フルウェル、ハーフウェル、シガー、ギャリソン。ただし、メーカーによっては異なる呼び方をしている場合がある。フルウェルは親指に力を入れやすく、サムオントップでの遠投も容易。シガーなど先が細いタイプはインデックスフィンガー向き

シートのウッドを合わせる

リールシートのスペーサー同様、美しいフレームを使ったネットやフライボックスなど、アクセサリーを同じような木目でそろえ、高級感を楽しむ釣り人も多い。記念に残る大物の写真も、これらのパーツで演出するといい

リールシート

リールの固定は、シートの金具を下から上に絞めるアップロック、上から下に絞めるダウンロックの2タイプがある。また、金具にはスクリュータイプやスライドリングタイプなど、複数のタイプがある。スペーサーにはいろいろな種類の木やコルクが使われる。右の写真は、ダウンロック（ポケット＆リング）仕様の例

Reels

リール ── 使い込まれたリールこそアングラーの証

PART 3　タックル　リール

リールの名称

- フット
- カウンターバランサー
- リリースノブ
- リム
- スプール
- ハンドル

ハンドルの素材と形状

小さなハンドルは素材も形状もさまざま。最近はプラスチック素材のものが多いが、濡れた手が滑らないように窪みをつけるなどの工夫がみられる

スプールの種類

スプールの取り外し

↑リリースノブによってリールはワンタッチでスプール交換が可能。湖の釣りのように数種類のラインを使用するとき、替えスプールで予備ラインを準備しておくとすぐに交換ができて便利

←左から、ハーディのアウトスプールタイプ、インスプールタイプ、オービスのアウトスプールタイプ（フレームなし）。アウトスプールタイプはリムが太く、リムを手で押さえてブレーキをかけられる

日本の渓流では、フライリールはおもにラインを収納する道具として使われる。魚のサイズが小さいため、魚とのファイトは手で直接ラインを手繰るからだ。

フライリール選びは、その大きさが大切。ラインキャパシティ（＝容量）は、店頭では値札のタグに書き込まれている。また、リールのパッケージにも見ることができる。それは、「DT3F＋25yd」というような記号で表される。これはダブルテーパー（P80参照）3番のフローティングタイプのフライラインと、25ヤード（1ヤード＝約90センチ）の下巻きになるバッキングラインを収納できることを意味している。ラインとロッドは同じ番手のものを揃えたうえで、それに見合う大きさのものを選ぼう。

渓流で使われるフライリールのギア比は、通常1対1。ハンドルノブを持ち、スプールを1回転させると、スプールに巻かれたラインの外周とほぼ同じ長さのラインを巻き取ることができる。材質にはアルミを使用したモデルが多く、軽量で強度に優れ、表面加工によって耐久性を高めているものも少なくない。

リールの機能は、そのスタイルとドラグというブレーキシステムの構造に凝縮されている。

スタイルは、インスプールとアウトスプールに大きく分けられる。インスプールはフレームの内側に、アウトスプールはフレームの外側に、それぞれスプールのエッジがある。

76

ドラグの構造

クリック・タイプ
本体にクリックの爪があり、スプールにはギアが組み込まれている。回転時にギアに爪が干渉して抵抗を生じる仕組みだ。爪を板バネで圧着して強弱の調整をするタイプもある

左から、ラージアーバー、一般的なスタイルのクイックリリース、クラシカルなスタイルのネジで固定するリール

ディスク＋クリック・タイプ
本体側のギア状のプレートを圧着させてブレーキにする。スプールの四角い切り込みがプレートに噛み、プレートの抵抗がそのまま伝わる。これはクリック機能付き

ドラグ

左のリールがディスクタイプ。ドラグ（ブレーキ）の強弱はダイアル式のドラグレバーで調節。右は調整機能を持たないシンプルなクリックタイプ

ディスク・タイプ
本体のシャフト部にディスクドラグを組み込んだタイプ。シャフト部とスプールとの連結は、シャフト上部のラバーとスプール基部の噛み合わせによる

ワイズ

容量は同じでもスプールのワイズ（幅）はさまざま。ワイズが広いほど外径は小さく、ラインの巻き癖によるコイルがきつくなる。狭いスプールは外径が大きく、巻き癖はつきにくい

一般的にアウトスプールタイプのリールは、大きな魚が掛かったとき、スプールエッジのリムに手を添えれば、瞬時にブレーキができるのが特徴。インスプールタイプでもスプール内側から手でブレーキをかけることはできるが、ドラグ機能に担うところが大きい。

どちらのタイプにも、スプールにベンチレーター（通風孔になる穴）が見られるが、これは肉抜き効果で重量を軽くし、ラインの乾燥を促す効果がある。

ドラグ機能には、ラチェットタイプとディスクタイプがある。クリック音が特徴のラチェットタイプは、スプールの回転時に、金属の爪がギアに噛むことで抵抗を生み出す仕組み。ディスクタイプは、金属盤やコルクシートなどの圧着を利用して抵抗を生み出す。ラチェットタイプよりも繊細かつ強力なドラグ調節が可能なので、大物狙いでは好まれて使われる。

好みのリールが決まったら、最後に愛用ロッドとのフィッティングを確認しよう。実は、リールフットには各メーカー共通の規格がない。すべてのリールが、そのリールシートにフィットするわけではない。できれば、リールを購入するときに、ショップにロッドを持ち込んで確認してみよう。もし不具合があっても、ショップで微調整もしてもらえるだろう。

堅牢なフライリールは何十年も愛用できるタックル。傷がついたリールには貫禄さえ見ることができる。それは、渓魚との思い出を深く刻み込んだ証でもある。

Lines
フライライン ── 正確なアプローチはラインシステムから

フライラインの特徴

ラインの種類と表記
パッケージにあるDTはダブルテーパー、WFはウエイトフォワード、STはシューティングヘッドを示す。次の数が番手。末尾のFはフローティング、F/Sがシンクティップ（先端のみ沈むタイプ）、Sがシンキングを表している。また、シンキングラインにはシンクレートがTypeⅠなどの形で表記されている

テーパーの種類

- DT（ダブルテーパー）
- WF（ウエイトフォワード）
- ST（シューティングヘッド）

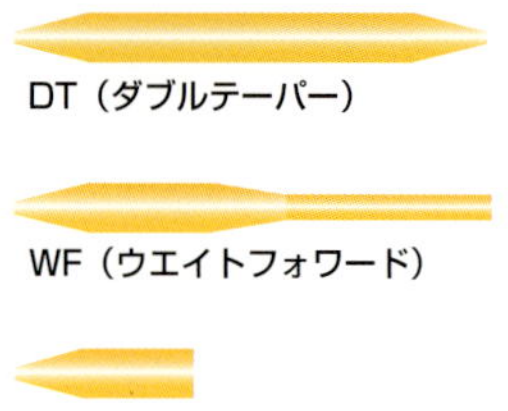

全長約27mのフライラインのテーパー。DTは両端が同じ太さのデザインで巻き替えて使用できる。ショートレンジの釣りでは経済的なDTがおすすめ。WFは徐々に細くなる飛距離優先のテーパー。STは、WFの先端部分のテーパーとほぼ同じデザイン

ラインの9mの重量（AFTMA規格）

ラインナンバー	グレイン	グラム
#1	60	3.89
#2	80	5.18
#3	100	6.48
#4	120	7.78
#5	140	9.07
#6	160	10.37
#7	185	11.99
#8	210	13.61
#9	240	15.55
#10	280	18.14
#11	330	21.38
#12	380	24.62

※1グレイン＝0.0658グラム

基本となるラインの種類はDTとWF、STと少ないが、それぞれにメーカー独自のテーパーが設定され、カラーもさまざま。さらに、浮くものや沈むもの、沈むスピードが違うものがあり、ラインナップの数は膨大なものになる

カラフルなライン。フローティングには見やすい明るい色が、シンキングには水中で同化する暗い色が用いられる。ヤマメ用やバンブー用など用途に応じたカラーのものもある

ランニングライン

WFの細くなっているテーパー部にあたるもの。STシステムで使用する。これはナイロンタイプで、飛距離を稼ぎやすい。フライラインと同素材の製品もある

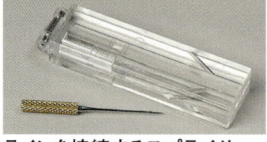

ラインを接続するスプライサー
ランニングラインの接続には専用の道具を使う。結び目がガイドに引っかかりにくくなる

バッキングライン

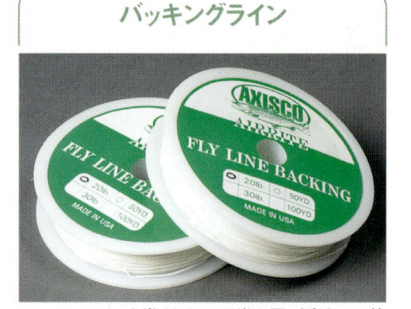

リールにラインを巻くときの下巻き用。渓流では使わないことも。大物とのやり取りでは延長したラインとしての役割も果たす

フライラインは、フライを遠くまで運び、操作するのに欠かすことができないもの。ラインといっても、見た目からも分かるとおり、いわゆるナイロンの釣り糸とは大きく異なる。太くカラフルで、キャスティング時には独特の優雅なループを作るものだ。

フライフィッシングでは、フライを遠くに飛ばすためにオモリは使わない。ラインの自重がオモリの役割を果たすのだ。そのため、普通の釣り糸よりもラインは太くて重い。フライラインには「長さと重さ」の規格がある。フライラインの番手は、先端9メートルの重さによって決められている。ライン番手は0番から13番までであり、数が大きいほど重量がある。ライン番手とロッドの指定番手を一致させて使用するわけだ（STを除く）。

渓流で使われるラインには、ダブルテーパー（DT）とウエイトフォワード（WF）という、代表的な2種類のテーパーがある。DTは両端が同じ形状なので、先端が古くなったら結び直し、もう一度、新品として利用できるため経済的だ。WFは後に続くランニング部分が細く、コントロールと遠投に優れた設計がされている。

フライラインのパッケージには、ラインの種類が記号で明記されている。Fはフローティング、Sはシンキング、という具合だ。また、シンキングの場合は、シンクレート（沈む速さ）が付け加えられている

Leader & Tippet

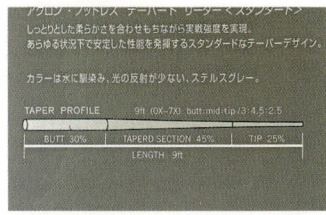

リーダーとティペット
――見えない糸が釣果を左右する

リーダー

パッケージ裏にはテーパーデザインが表記されている。図からバットとテーパー、ティペットで構成されることが分かる。購入時にはティペットの長さなどをチェックするといい

リーダーはメーカー各社からいろんなタイプが発売されている。表記してある数字を確認してから購入したい。なお、メーカーによってナイロンの質感なども変わるので、いろいろ試して好みのものを探してみるのもいいだろう

日本の記号にすると6Xで0.6号、5Xで0.8号。表のフライサイズは目安。決まり事ではない

ティペットとリーダーのサイズ

X表示	太さ(インチ)	太さ(mm)	lb	フライサイズ
0X	0.011	0.279	14	1/0～4
1X	0.01	0.254	12	4～8
2X	0.009	0.229	10	6～10
3X	0.008	0.203	8	10～14
4X	0.007	0.178	6	12～16
5X	0.006	0.152	4	14～22
6X	0.005	0.127	3	16～24
7X	0.004	0.102	2	18～26
8X	0.003	0.076	1.5	24～28

ティペット

ティペットはスプールに巻かれて販売される。これはハリスと同等のもので、ナイロンやフロロカーボン(フッ素系樹脂繊維)素材。リーダー特有のテーパーはない。フライ用はドラグが掛かりにくいように柔らかくなっていたり強度が高いなど、繊細なフライのための専用設計

リーダーとティペットは、フライとフライラインの間を繋いでいるもの。ナイロン製の、いわゆる釣り糸と呼ばれているものと同じ素材のものだ。ただし、リーダーは特殊なテーパー状になっていて、太い端をフライラインに、細い端にはティペットやフライを結ぶ。

リーダーは3つのセクションに分けられる。ラインに結ぶ太いバット部、中間のテーパー部、そしてフライを結ぶティペット部だ。

リーダーは1本ずつのパッケージで売られ、そのパッケージにある記号をもとに選ぶといい。記号が表している内容は主に3つ。テーパーのデザインと長さ、太さだ。テーパーのデザインによって、その用途を分けることができる。長さはティペット部までを含めた全長で、単位はフィートで表されている。太さもまた、ティペット部を示し、単位はエックスで表されている。

リーダーとは別に、同じ「X」の規格を使うティペット(一般的なハリスと太さの単位は異なるが、同等のもの)は、プラスチックのスプールに巻かれている。特殊なものではフロロカーボン素材のものなどがある。一般的なサイズは0X～13Xほど。そのなかから、渓流では主に5X～7Xを使用する。リーダーに付け加えたり、リーダーのティペット部が短くなったときに付け足す。さまざまな状況に応じて使い分けられるように、太さが異なる数種類を常に用意しておくといいだろう。

79

Vest and Bag

ベストとバッグ —— 米国流スタイルならベスト、英国流スタイルならバッグ

ベスト

シムス／ガイドベスト。左がディープウェイディングにも対応するショートタイプ。右がスタンダード。どちらも袖ぐりは変わらず、腕が動かしやすい設計

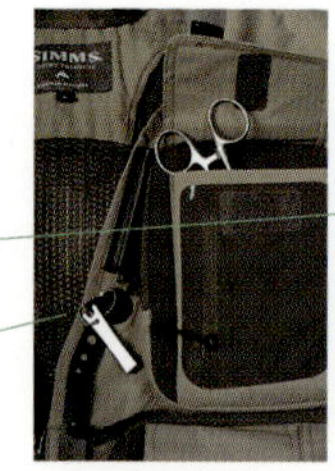

- フラップのベルクロは縦、ポケットは横でマチに対応
- フロント上部には小型フライボックスなどを収納する 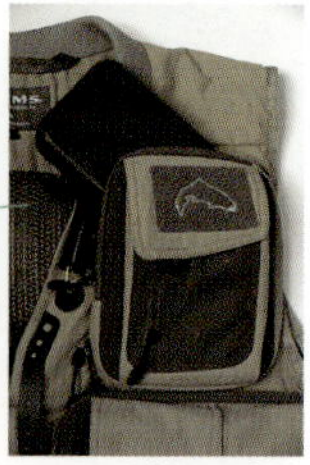
- 使用頻度の低いリーダーは濡れにくい内側ポケットに  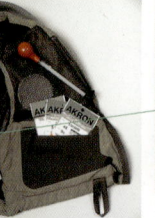
- フロータントはコネクターを使って前面に下げておく 
- 内側のポケットは出番の少ないものや貴重品が収まる 
- 前面下部のファスナーポケットにはフライボックスを 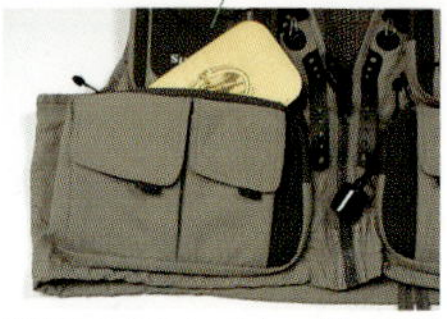
- 前面下部のポケットは使用頻度の高いものを入れる 
- ファスナーには手袋をしていても開閉できる工夫がされている  
- ワンタッチで脱着できるリリーサーを採用 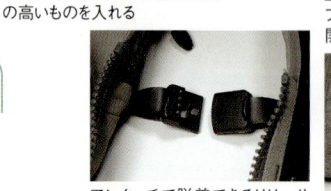
- 大型ファスナーは、緊急時に役立つホイッスルになっている。メーカー独自の工夫だ 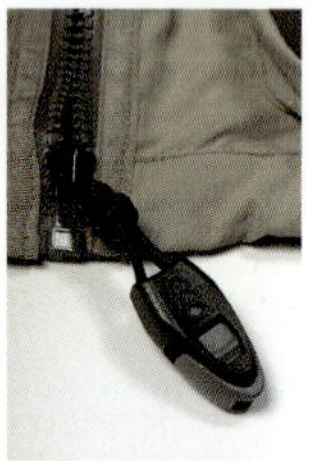
- ネットはマグネットやワイヤーを使ったコネクターを接続して背面に下げる 
- レインギアや食料などは背中の収納ポケットに 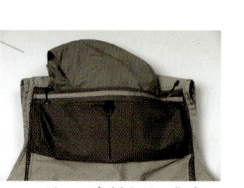

バッグ

- クラシックなショルダーバッグ。英国発祥「ウエット派」には根強い人気がある
- パッセンジャータイプは昨今のニュースタイル。たすき掛けにしたときに、体に沿い、バッグの収まりがいいのが特徴 
- 前面にポケットはあるが、本体には仕切りのないものが多い 
- 防水効果のあるインナーバッグを取り付けることも可能 

機能的で便利なフィッシングベストは、フライフィッシャーの戦闘服。日本のフライフィッシングに大きな影響を与えた、米国流スタイルのアイテム。使ってみると、それは欠かすことができない、大切な道具であることに気づくだろう。

ベストの特徴は、ポケットの多さと細部のデザインにある。多くの小物を整理して収納できるのだ。これは、持ち歩かなくてはならないアクセサリーが多いフライフィッシングでは大切。さらに、ベストはショルダーバッグとは異なり、「重み」を両肩に広く分散することで疲労を軽減する。釣り人だからこそ求める、優れた機能やアイデアが盛り込まれている。

ベストとは対照的に、伝統的な英国流スタイルを継承するフィッシングバッグ。しかし、こちらはポケットの数が少なく、数多くアクセサリーを整理して収納することは難しい。昨今では、機能的なパッセンジャーバッグもフライフィッシング用として販売され、人気を得ている。

川を歩く距離が長ければベストを、そうでなければフィッシングバッグを、という選択がいいだろう。

PART 3 タックル ベストとバッグ

80

Wader

ウェイダー
——ウェイダー選びのポイントは「濡れない蒸れない滑らない」

腰の位置で内側に折り返すとウエストハイとしても使用できる

フェアリーグッドフィッシャー／ブーツタイプのチェストハイウェイダー。靴を履く面倒がなく人気が高い。厚手の靴下でサイズ調節するといい

パタゴニア／ストッキングタイプのチェストハイ。胸までを覆うウェイダー。このタイプはサスペンダーで身に着ける。ウエストのベルトは、転倒時に水が入り込むのを防ぐ

シムス／ヒップブーツ。股下までをカバー。ズボンのベルトにストラップを固定して使う

ウェイディングシューズ

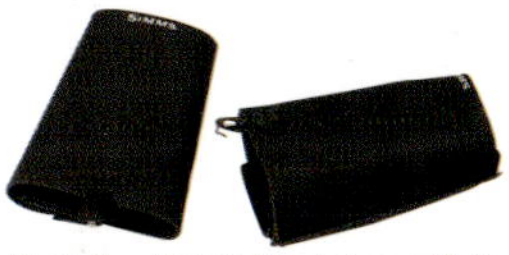

靴の中へ砂が浸入するのを防ぐグラベルガード。靴紐が水中の障害物に引っかからない

ウェイディングシューズは靴底にフェルトが貼られているのが特徴。水中で高いグリップを得られる。足首をサポートしてくれるウェイディングシューズは歩行時も安心

ネオプレーンソックス。ライトタイプのソックス部

ウェイダーに求められる機能

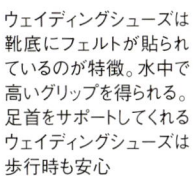

ウェイダー裏側にある縫い目には、水の浸入を防ぐシーム加工が施される

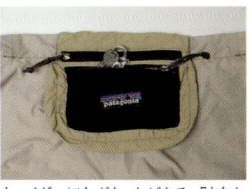

ウェイダーにもポケットがある。財布など濡らしたくないものはここへ

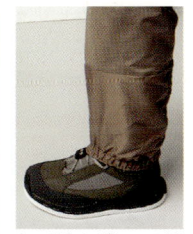

ウェイディングシューズを装着するとこのようなスタイルにになる

素材にもこだわりたい
梅雨から夏場はウェイダー内部が蒸れる。ウェイダー選びは、透湿性の高い素材が使われているか、チェックしよう

身体が濡れないように身に着けるのがウェイダー。服を着たままつま先から股下、さらには胸までをすっぽりとおおい、快適な釣りをするためのアイテムだ。

ウェイダーには、ブーツフットとストッキングの2つのタイプがある。ブーツフットタイプは靴までが一体になったもの。ストッキングタイプは専用のウェイディングシューズが別になっているものだ。

ブーツフットタイプは、靴を履いたり脱いだりするときの手間が省ける。便利なのだが、靴自体はやや重くフィット感に乏しく、距離を歩く釣りでは敬遠されがち。ストッキングタイプは専用のウェイディングシューズを用意し、ウェイダーを着用してから靴を履く。靴はトレッキングシューズの感覚で歩け、フィット感に優れる。どちらも、ソールがフェルトになっているのが大きな特徴だ。

ウェイダーには着丈が異なるモデルが用意されている。股下までの長さのものはヒップブーツ、腰までのものはウエストハイ、胸まであるものをチェストハイと呼ぶ。チェストハイには、ベルトで折り返してウエストハイとして使えるものもある。

Wear

ウエア
——アウトドアでのウエアリングの基本は、春と秋のシーズンを中心に考える

春・秋［米国スタイル］

日除けのキャップはフライの針から頭部を守る役割もある

パタゴニア／ジャケットは雨具にもなるもので、透湿性にすぐれたものを。ショート丈が深場のウェイディングで助かる。
モンベル／シャツはコットン＆ナイロンの混紡で、濡れても乾きが速いものを選ぼう

袖口にはベルクロとゴムとの併用で手首にフィットさせる工夫

フードにあるドローコードを絞ることで、十分な視野が確保できる

ハンドウォーマーはシーズン初期に便利。春先にライズを待つ間はとくに重宝する

シムス／ストレッチパンツ。ウェイダーの下に。透湿性が高く、蒸れて張り付く不快感を解消する

夏

パタゴニア／Tシャツ。吸湿性や速乾性を重視したい。汗を吸わせる下着として使用する

長袖が基本
パタゴニア／フィッシングシャツ。夏の山岳部では、朝夕の気温が低い。薄手の長袖がおすすめ

フライフィッシングは自然を相手にする遊び。ウエアリングについては、アウトドアの心構えでのぞんでほしい。四季や天候の変化など、フィールドの状態は大きく変化するので、いつでも対応できるフィッシング＆アウトドアウエアを準備しておきたい。

ウエアリングの基本は春と秋。釣りに行く機会が多いこれらのシーズンを基本にして、重ねて着込んだり脱いだりすることで調節できるようにしておくのが理想的。

ウエア選びにはフィッシングスタイルに合わせた選択肢も考えよう。撥水性を備えたナイロン素材のジャケットなら米国流でベストと合わせ、オイルドコットンのトラッドなジャケットなら英国流のフィッシングバッグでまとめてみるといい。どちらのスタイルでも、ウェイダーのなかは共通。吸湿性のあるパンツやタイツが人気だ。

注意したいのが夏の釣り。暑いからといって肌を露出しないように気をつけよう。日焼けや虫刺されの予防になることはもちろんのこと、フックを肌に刺してしまうトラブルも未然に防ぐことができる。

さて、必需品とされるレインウエアだが、渓流の釣りでは雨のなかで釣りを続けることは少ない。増水や濁りで釣りにならないことも多々あるためだ。携帯性を優先させて選ぶといい。

春・秋[英国スタイル]

バーブアー／ハンチング。英国スタイルの定番品

バーブアー／スペイジャケット。オイルドジャケットは英国ファッションの定番品。撥水効果にも優れている。
ペンドルトン／ストレイスシャツ。ウールシャツで保温性を高めるといい

冬
暖かさと動きやすさを重視

モンベル／サーマルセーター。ダウンジャケットと同等の保温性能。化繊を使っているので濡れても乾きが速い

パタゴニア／フリース。寒いときはフリースが便利。レイヤーにアウターにと利用価値は高い

フードは取り外し式。襟を立てて風の侵入を防ぐこともできる。保温性を高めた仕立て

内側には、腕を上げたときに水が伝わり入ってくるのを防ぐためのゴムが施されている

深めの大型ポケットを装備。使用頻度の高い小物を入れておくのに重宝する

シムス／ボトム。脚の保温に薄手のアンダータイツを。吸湿性の高い下着でウェイダーの蒸れ予防にも役立つ

バーブアー／ミット。手袋は冬季の釣りに欠かせない。厚手のものはグリップに違和感を覚えることもあるので注意

シムス／ソックス。魚が好む渓流の水は夏でも冷たい。ウールソックスは通年役立つ

レインウエア
コンパクトなレイン・ギアを選択

モンベル／ドライライトテック。本降りのなかでは渓相は一変し、魚が釣れることは少ない。雨天で釣れるのは降り始めや、しとしとと降っているときだけ。高い防水性より携帯性を重視したものを選ぶ

キャストをしていても雨が入り込まないように、しっかりガードされた袖口の作り

ジャケットの下のベストに直接アクセスできるスルーポケット。ウエアが濡れるのを最小限に抑える

Accessories

アクセサリー──持って来てよかった！ 先人の知恵がいきる便利グッズの数々

フライボックス
フライを収納するボックス。素材にはアルミやプラスチック、ウッドが用いられる。収納するフライの大きさや種類（ドライやウエットなど）に応じて仕切りやシート形状が異なる。1000円〜（価格は目安。以下同）

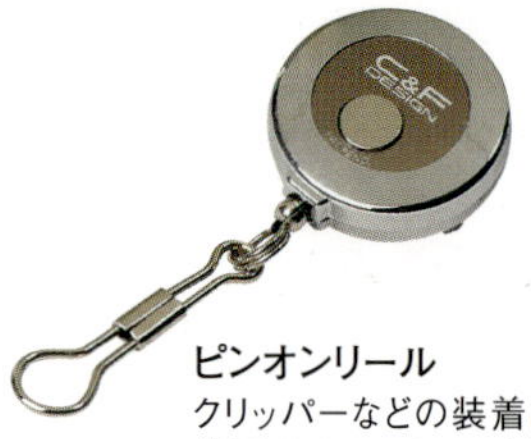

ピンオンリール
クリッパーなどの装着に使用する。アイテムを引っ張るとワイヤーが手元まで引き出され、放すと巻き込まれる。1000円前後

クリッパー
リーダーやティペットを切るカッター。ニードル（針）はフライのアイが目詰まりしたときなどに役立つ。シャープナー付きの製品もある。850円〜

フォーセプス
魚の口から鉤を外すための道具。病院で使われる鉗子（かんし）と同様のもので、しっかりと鉤をはさめる。釣り場でフライのバーブを潰すときにも役立つ。1200円〜

シンカー
おもにニンフの釣りで使用するウェイト。右はガン玉タイプでティペットに噛ませて使用。左はティペットに巻き付けて使うするタイプ。約500円

フロータント
左から、リキッド（液状）とペースト（溶剤）、スプレーのタイプ。リキッドとペーストはボディに染み込み、スプレーは細かいパウダーが付着する。ペーストはCDCには使えないなどの制約があるので注意したい。700円〜

フロータント
フライを浮かべる浮力材。これはパウダー（顆粒）タイプのもので、CDCフライを使う場合は特に重宝するもの。手前のプライマーを使うとさらに強力な浮力が得られる。1200円〜

不要なラインをベルクロが回収するアイディア商品。1000円

フライフィッシングでは、たくさんの小物を用意する。いわゆるアクセサリーと呼ばれているものだ。欠かすことができないクリッパーやシャープナーに始まり、いつ出番が来るか分からないメジャーやインセクトネットまで多種多彩。それゆえ、釣り人はポケットの多いベストに、それらを整理して収納しているのだ。

数あるアクセサリーのなかでも、フロータントはドライフライフィッシングで不可欠なアイテム。これは使用するフライのパターンに応じて使い分ける必要があるのだが、リキッドタイプやペーストタイプ、スプレータイプなどをひと通りそろえておくことをお勧めする。ひとつ紛失しても、流用でその場しのぎになるからだ。これらは消耗品なので、釣行前には必ず残量を確認しておくようにしたい。

アクセサリーの収納と装着についてだが、使用頻度の高いクリッパーやフロータントは、手の届きやすい位置にピンオンリールで取り付ける。また、フライボックスは前面のポケットに、使用頻度の低い小道具は内側のポケットへという配置がいい。ただし、ベストのどこに何を入れるという決まりはない。自分が使いやすいようにレイアウトするのが一番。たとえ使用頻度が低いアクセサリーでも、いざというときに持っていないと釣り場で困ることも少なくない。基本となるアクセサリーを購入したら、少しずつ買い足してアイテムを増やしていくといいだろう。

84

PART 3 タックル　アクセサリー

ランディングネット
ネットはランディングを助ける。後悔しないように用意しておきたいものだ。魚に優しいリリースネットといわれる目の細かい網を使用したタイプが人気。3000円〜

偏光グラス
水面の乱反射を抑えるためのメガネで、水中がクリアになり魚も見えやすくなる。石も見やすくなるので渡渉もラク。5000円〜

システムツール
ネイルノットパイプ（右）とアイにティペットを通すツール「スレッダー」。フライではこのような便利ツールが多い。2500円〜

サーモメーター
水温計。ハッチの予測や魚の活性を知るために。小型で軽量なものがいい。この商品は外周に不要なリーダーやティペットを巻き付けることができる。1500円〜

クリップレンズ
帽子に取り付けて使用するライト＆拡大鏡。老眼鏡と偏光レンズとの掛け替えの煩わしさを解消する。LEDライトは手元を照らす十分な明るさ。3000円〜

ライト
イブニングに備えて、強い光量のライトも用意しておきたい。ティペットを結ぶのはもちろん、釣りを終えて暗闇の川を歩くときに必要だ。3000円〜

ストマックポンプ
魚がどんなものを補食しているのか、胃から吸い出して調べる専用ポンプ。水を満たして魚の口から差し込み、胃に水を注いで水と一緒に内容物を吸い出す。マッチ・ザ・ハッチの釣りに欠かせない。1500円〜

ライセンスホルダー
入漁券を見やすい場所に付けておくのも釣り人のマナー。紛失や確認時のトラブルがないように、このようなホルダーを活用してもいいだろう。1000円〜

ゴミ入れ
ティペットのクズなどを入れるゴミ入れ。自然環境を守るのはもちろん、ベストのポケットを常にきれいにしておきたい人に。1300円〜

ラニヤード
クリッパーなどをぶら下げるための複数のフックをネックレス状にしたもの。必要なアクセサリーをシンプルに整理できるベストの代用品。ただし、重いものを下げると使いにくいので注意したい。1500円〜

メンテナンス──大切な道具をいつもベストな状態で使うために

PART 3 タックル / メンテナンス

フライライン

クリーニング
ラインのクリーニングは面倒でやりたくない、という人もいるだろう。しかし、このクリーニングでライン寿命は確実に延びる。中性洗剤を薄めて汚れを落とし、ミューシリンを塗布。陰干しで巻き癖を取れば完璧

ラインに栄養を与えるミューシリン。必需品だ。ただし傷の補修はできない。1000円前後

巻き癖を取る
巻き癖が強いラインは絡まって扱いにくい。オフシーズンはリールからラインを引き出し、ライン購入時にあったスプールや径の大きな筒に巻き直して保管しよう。写真はラインを巻き取る専用具のラインワインダー

糸巻き車と同じ構造のラインワインダー。写真の状態からラインだけを取り出し、束ねて癖のない状態で保管できる。5000円〜

リール

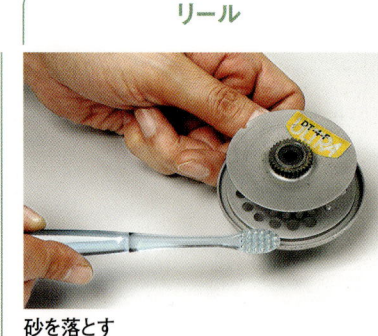

砂を落とす
アウトスプールのリムには汚れが溜りやすい。小さな砂が入ってスプールが回らなくなることもある。できるだけマメに点検、清掃をしておこう。水洗い＆使い古しの歯ブラシで軽く磨けば完了

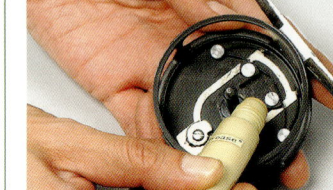

グリスの補給
クリックの爪とギア、シャフトは、金属部分が擦れるので磨耗しやすい。磨耗しやすいパーツには専用グリスを塗布する。潤滑剤では磨耗は防げないので注意しよう。また、このグリスは心地よいクリック音も演出してくれる

がたつきをなくす
ロッドのリールシートとリールフットは、必ずしもジャストフィットするわけではない。もし、釣り場でその取り付けが緩ければ、リールフットに絆創膏を貼などして厚みを出す。フットが厚かったら、リールだけポケットに入れて釣りをする

ロッド

グリップの汚れ落とし
グリップの黒ずみは、消しゴムでゴシゴシやるのがいちばん。新品とまではいかないが、リフレッシュできるはずだ。目の細かいサンドペーパーで磨くという方法もあるが、コルクが削れてグリップが細くなるのですすめられない

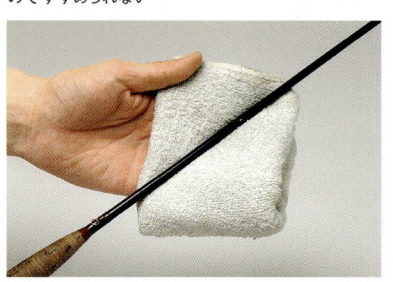

ブランクの乾拭き
ブランクスは乾拭き程度でOK。このとき、ブランクスに傷がないかチェックする。また、ガイドの磨り減りと、ガイドを留めているスレッドの塗料の剥離がないか確認したい。修理を要するなら、販売店に相談しよう

トップガイドの交換
ティップの破損やトップガイドの摩耗など、トップガイドを交換すればとりあえず使えるという状況なら、ホットグルーで修繕しよう。交換用トップガイドの購入時は、そのサイズやブランクスの太さなどを確認する

お気に入りのフライロッドは出番が多く、知らず知らずの間にグリップなどが汚れてしまう。年季と貫禄があっていいけれど、注意深く見るとガイドが磨耗したり、スレッドを固めている塗料がやせてしまったりと、傷みや劣化が見られることもあるだろう。長く使う道具は、シーズンごと、定期的にクリーニングを兼ねたメンテナンスをしておくといいだろう。

リールもまた、使用頻度が高いもの。釣り場で付いた砂や汚れは、本体のアルミに傷を付けたり劣化させるので、マメに水洗いなどをするといい。また、フライリールのクリックタイプのブレーキだが、繰り返しラインを強引に引き出したりすることで、ギアやクリックそのものがすり減っていることもある。釣り場でトラブルに見舞われないように、事前のチェックをしておきたい。

本来の浮力をキープしたいフローティングラインは、使用にともなう汚れや劣化で、その性能が次第に落ちてくる。高い浮力を保つため、クリーニングをまめに施そう。滑りが良くなり飛距離も得られるはずだ。また、リールに巻いたまま保管するとコイル状の癖が付いてしまう。長期保管はリールからラインを出しておくのが理想的。ラインにひび割れがあるようなら、交換時期のサインだ。

86

ランディングネット

リリースネットに変えるための替えネット。各サイズが用意されている。約2000円

魚に優しいネットに交換する
普通のネットがリリースネットに変身。これで編み目に魚体が食い込むこともなくなる。付属の紐でフレームに縫い留めるものだが、至って簡単。ネットのリフレッシュにもなるので、ぜひ挑戦してほしい

ウェイダー

しっかり乾かす
上＝ウェイダーを使ったまま放置すると、カビ臭さや汗臭さで悪臭を放つようになる。そうならないように、帰って来たらすぐに陰干しする。汚れや水滴が多く残っていたら、乾拭きもしておこう。下＝陰干しには、専用ハンガーを使うと手間がかからない

張り替え用のフェルトソール。貼ってから余りを切って調節する。約2000円

重さのあるソール部分を掛けて干せるハンガー。取り付けはベルクロでワンタッチ。ボンドの劣化で起こるフェルトの剥離も防ぐことができる。約2000円

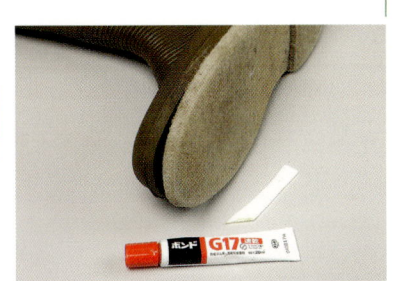

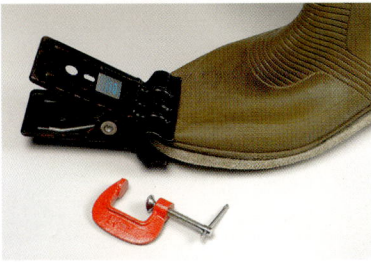

ソールの補修
上＝ソールが剥がれてしまったら、細かい砂をできるだけ取り除きボンドで接着。ソール交換は、古いソールを剥がしてソール部分とフェルトに十分にボンドを塗って接着。下＝接着するときは、大型クリップなどで圧着して放置する

ピンホールの穴埋め
水漏れ補修は、一度乾かしてから裏返し、ウェイダーに水を注入。漏れている場所を特定する。油性のペンなどで印を付けたら再び乾燥させ、専用ボンドで穴埋め（表側でも裏側でもOK）をする

アクアシールは補修の定番品。塗布して放置するだけの手軽な補修剤。約1000円

ランディングネットは、編み目が細かく魚へのダメージが少ないリリースネットが主流。ランディングネット自体は、頻繁に買い替えるものではない。長く使えるものなので、古いネット部分だけをリメイクしてリリースネットとして再生させてもいいだろう。木のフレームの場合、傷によるダメージがないか確認したい。雰囲気もガラリと変わり、新しいタックルを得た気分になれる。

釣行の頻度にもよるが、ウェイダーやウェイディングシューズは消耗品と考えたい。フェルト製のソールが1シーズンでダメになってしまうという人もいるくらいだ。シーズン中は、マメに本体の水漏れをチェックしたい。そして痛んだソールは張り替える。本体も酷使するとピンホールができて水漏れを起こす。ピンホールは裏返してウェイダーに水を注ぎ、穴を特定して専用の補修剤で塞ぐ。そして、釣行回数の多い人は3シーズンを目安に買い替えていくといいだろう。使った後は必ず陰干しをする。次回も快適に使用することができるだろう。

道具の保管法

いつの間にか増えている道具類だが、その保管は大事なこと。フライフィッシングの道具は濡れることが前提で作られてはいるが、濡れたまま放置してしまってもいい、というわけではない。釣りから帰ったら、まずウェイダーやタックルを乾かす。使わないときは通気のよい場所で保管することが肝心だ。なかでも、バンブーロッドは曲がり癖を防ぐために壁掛けにするが、これは粋なディスプレイとしても楽しめる。道具によし、愛でてもよしと、一石二鳥なのだ。

ケース内で蒸れないように注意。通気に気を配る

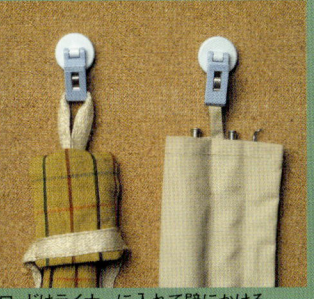

ロッドはライナーに入れて壁にかける

達人のベスト

PART 3 タックル / 達人のベスト

収納力にすぐれたベストの使い方は百人百様。これだけポケットが多いと、もっと便利な活用法があるのかも？と思うもの。ここでは、達人のベストを拝見。これを参考に、あなたのお気に入りベストも、より使いやすく、より機能的なベストにしてみてはいかが？

小野 訓さんの愛用ベスト
FoxFire ドローワーズベスト2

偏光レンズはケースに入れ裏面胸ポケットに。多くのベストで、ここは偏光グラスの定位置に指定されている

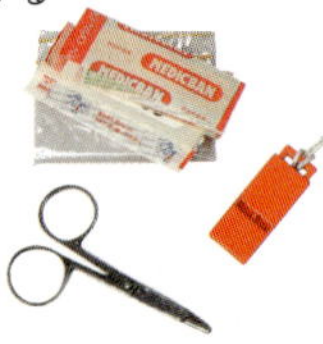

これらはコンパートされている裏面下部のポケットに収納。絆創膏など、使う頻度が低いほど奥に。ポケットに合わせてフォーセプスは小型のものをチョイス

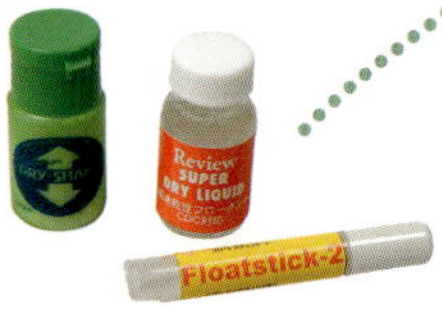

フロータントは下部にある小ポケットに収納。フライの種類と用途で、ペーストとリキッド、パウダーを使い分けている

ドライフライは下部ファスナーポケット。フライボックスはC&F社のシステム

胸元左前面のDリングにはクリッパー、左ポケット上部にフライパッチを装備。キャストの邪魔にならない

前面の小さなポケットにはメジャーを、後ろには小型のペンチを入れる。ペンチはバーブ潰しやショットに使用する

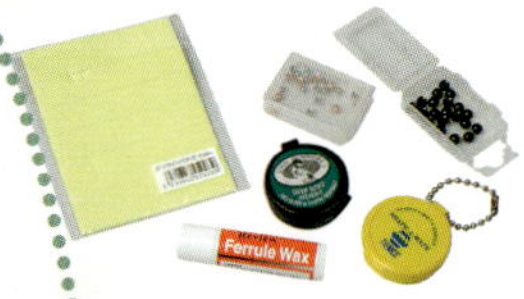

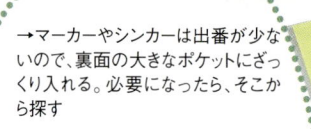

→マーカーやシンカーは出番が少ないので、裏面の大きなポケットにざっくり入れる。必要になったら、そこから探す

ティペットは前面下部の手前のポケットに。ラインドレッシングが外側。入渓前に必ずドレッシングをするため、使用頻度別に分類している

リーダーは裏面胸ポケットへ。濡らしたくはないが使用頻度の少ないものはここへ

FLYBOX

ウエットフライなど待機中のボックスは、ベスト下部ファスナーのポケットに収納。右側ポケットにドライ、左側にウエットなど、という分け方をしている

ベスト背面には大型ポケットがある。飲料などはこちらに収納する。肩の負担を減らし快適な釣行を約束する肩パッドの役割は大きい

ここで紹介する達人ベストのなかで、もっともシンプルかつ軽量。必要なもの以外は詰め込まないのが小野さん流。とはいえ、フライフィッシャーとして必要最低限のアクセサリーが入っているから、2kgほどの重さにはなる。

ベストを軽くするのは、渓流を軽快に歩くためだ。小野さんは、魚を求めてどんどんポイントを移動する。歩くからには荷物は極力減らしたい。そんな釣りのスタイルが、このベストにも反映されている。小野さん自身、ベスト自体にはあまりこだわりが無いとのことだが、それでも、「使いやすさを優先すると、ちょっと値の張ったモノになってしまうかな」とのこと。やはり、高機能のベストを買うのがいいようだ。

渡辺訓正さんの愛用ベスト
Fairly Good Fisher コンプリートリーエキップベスト

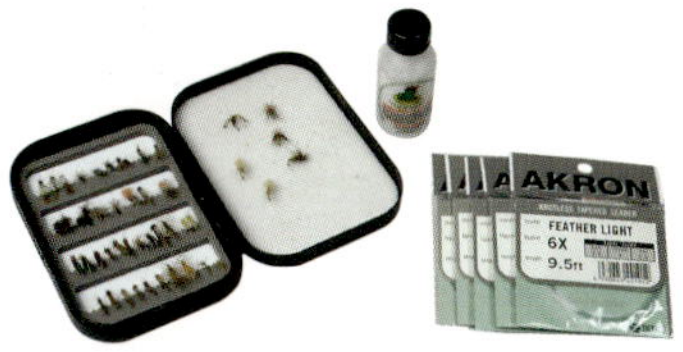

胸ポケットには、カディスパターンとリーダーが。メインのフロータントは、胸元に別に用意してある

ベスト左側前面には各種小物を。使用頻度が高いティペットは、ホルダーでいつでも取り出せる便利さ。フォーセプスは紛失防止のコード付きになっている

右前面にはクリッパーとゴミ入れ。切ったティペットの屑をそのままゴミ入れに落とせる工夫

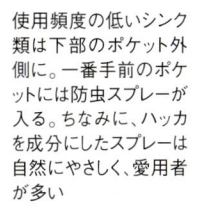

予備のティペットは胸上部のポケットへ。ティペットも専用ディスペンサーを使って収納

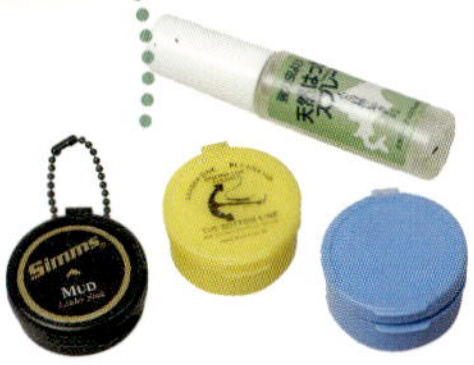

下部前面にはメジャーとティペットを。ティペットは状況に応じてメーカーの使い分けをする

使用頻度の低いシンク類は下部のポケット外側に。一番手前のポケットには防虫スプレーが入る。ちなみに、ハッカを成分にしたスプレーは自然にやさしく、愛用者が多い

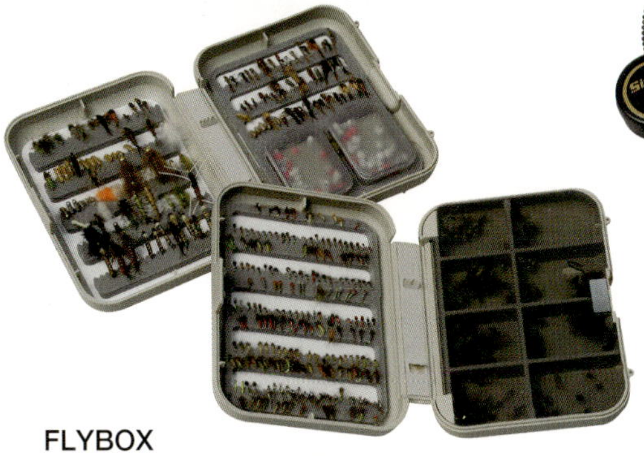

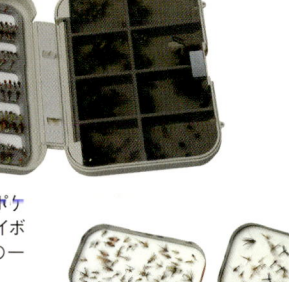

予備フロータントは裏面のポケットに収納。これはパターンによって、使い分けたいときに使用するアシスト役

FLYBOX
ミッジやニンフは右下部の奥のポケットに。きっちりと整理されたフライボックスから、几帳面な渡辺さんの一面を知ることができる

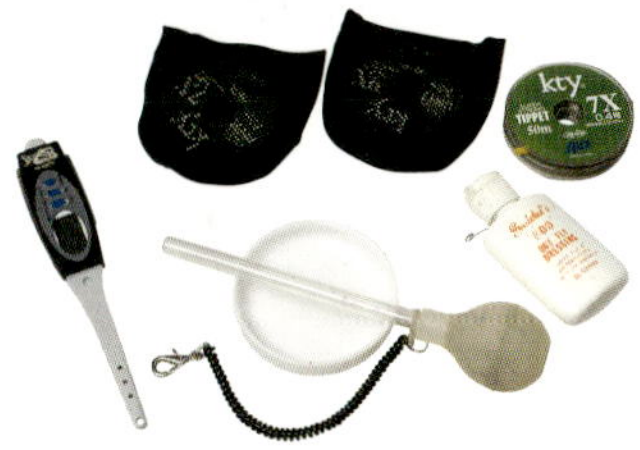

これらは裏面のポケットへ。ティペット類は上段、水温計やストマックポンプは下段の大型ポケットへ。パウダーフロータントだけは、手前の小さなポケットへ収納

イマージャーとダンに限っては、前面の大きな縦ポケットに収納。欠かせないフライボックスだ

背面にはネットを装着（渓流の場合。忍野では柄の長いタイプを使う）。そして、背面の収納にもフライボックスを入れる

ネットは紛失防止のカールコードが付き、強く引っ張ると外れるリリーサーがセットされている。このボックスにはテレストリアルなどが収納されている

忍野をホームグラウンドにしている渡辺さんのベストには、フィールドに合わせた数々のグッズが入っている。シーズンを通して欠かせないストマックポンプをはじめ、豊富なフライパターンや充実したティペット類などの持ち物からも、繊細かつ大胆なマッチ・ザ・ハッチの釣りをメインに楽しんでいることが分かる。渡辺さんのベストの使い方は、ポケットを最大限活用したうえで、さらにシステマチックなパーツ、ベスト前面に見られるさまざまなアクセサリーで高機能化を図っているのが特徴だ。ベスト総重量はおよそ3kg。軽くはないが、自分のフィッシングスタイルに合ったフィールドでの使いやすさや、歩く距離との兼ね合いを考えて構成されている。

里見栄正さんの愛用ベスト
shimano フリーストーンVE

健闘したフライはパッチに。ファスナータグには温度計を配置。機能的、かつ使いやすくするための工夫だ

右前面のメインポケットにはマーカーを。使用頻度の高さがうかがえる。その下側にはリーダーが

こちらはフロロ系のティペット。右裏面下部に収納する。左右で種類分けをして使用している

左裏面下部に使用頻度の高いティペットを配置している

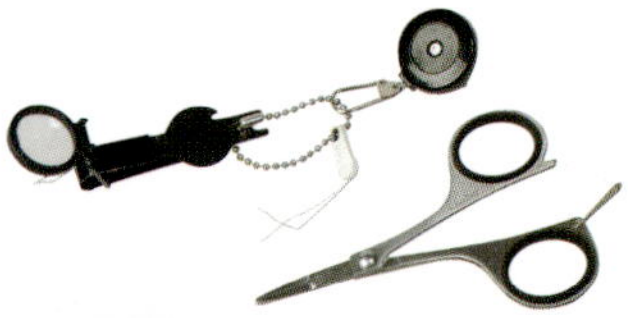

クリッパーやフォーセプスは定位置の胸元。偏光グラスは前面下部の縦ファスナーのポケットに収納する

バンダナや防虫剤、メジャー、瞬間接着剤は裏面のポケットにそれぞれ分けて収める。予備＆緊急時の品々だ

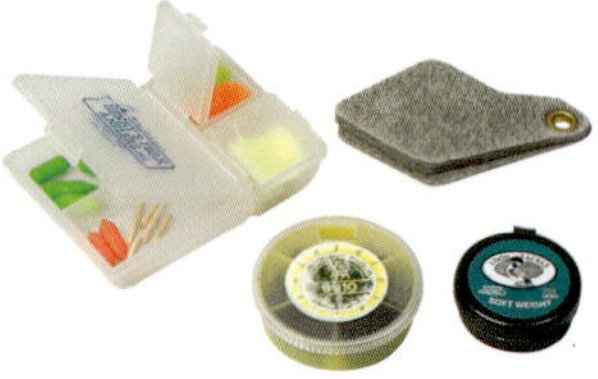

→シンカーの類は前面の胸ポケットに。ルースニングを多用する里見さんらしいレイアウト

前面のコンパートメントにそれぞれセットするフロータントはペーストとパウダーがメインになる。ボックスは扱いやすい小型のものを多用

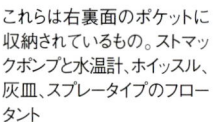

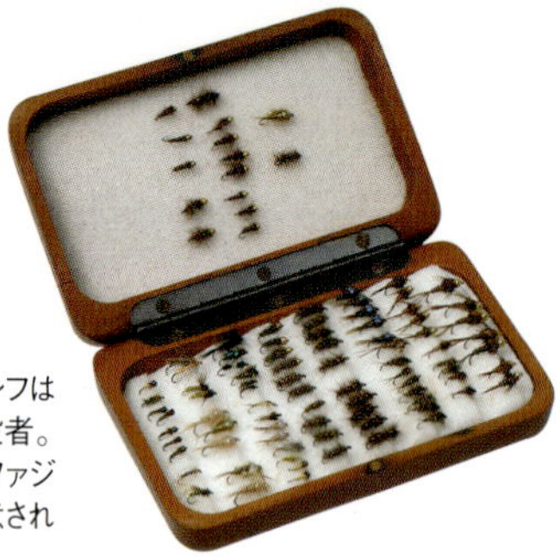

これらは右裏面のポケットに収納されているもの。ストマックポンプと水温計、ホイッスル、灰皿、スプレータイプのフロータント

FLYBOX
びっしりと並んだニンフはルースニングの立役者。MSCを始めとするファジーなパターンが用意されている

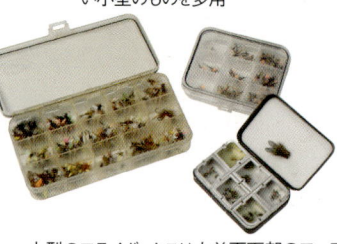

大型のフライボックスは左前面下部のファスナーポケットへ。ドライフライの小型のボックスは右前面下部に配置

↑ライトやナイフは前面縦ファスナーに収納。ライトは手元用と足元用で使い分ける。←ネットは背中に。ベストには専用のホールドがあり、動かない設計。インセクトネットは背中のファスナーポケットに収納

一見シンプルに見えるが、びっしりとアクセサリー類がポケットを満たしている里見さんのベスト。重量は3kgをゆうに超えている。渓流を軽快に歩く姿からは、これだけのモノを詰め込んだベストとはまったく想像できない。

里見さんのベストは、いわば完全無欠のベスト。いつ、どこで、どんな状況であれ、必要なものがすぐに取り出せる機能性を重視している。さまざまなフィールドで使える多機能ベストであることがうかがえる。

里見さんのこのベストへの絶対の信頼感は、ポケットの汚れ方からも想像がつく。使い込まれたベストにあるフロータントの滲んだ跡が、これまでの釣りの経験を物語っている。あなたのベストも、いずれこんな貫禄をつけてゆくことだろう。

杉坂隆久さんの愛用バッグ
Rivalley PMD スギサカ ショルダーバッグ

最前部のネットには使用頻度が高いものを収納する。フロータントだけは、別ポケットを利用。ちなみに冬期は、グリップの感覚を損なわないように、グローブ代わりに指サックを使用。そして、大物用のメジャーも

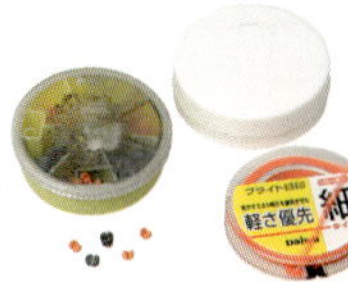

シンカーなどの重く、うるさいものはバッグの内側、メインのコンパート後面に収めるといい

マーカーの類は場所を取らないので、取り出しやすい、メインのコンパート前面に配置している

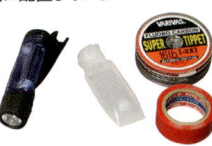

テープやライトなど、使用頻度の低いものをコンパート前面にまとめて収納。メインの気室とは別にしておける

メガネやフライボックス、リーダーはメインに。ポンと投げ込める気楽さは、バッグタイプに共通する特有の使い易さ

クリッパーなどはショルダーストラップに取り付けることも可能

FLYBOX
フライはウエットを中心に、ニンフやドライも用意。ボックス単位で入れ替えられる

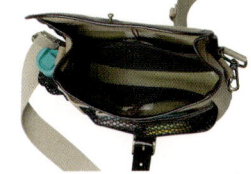

バッグの内部。メインのコンパートを広く残したまま、前後にサブのポケットを増設

ショルダーバッグを使うのは杉坂さんのスタイル。こだわりのバッグには、杉坂さんのアイデアが豊富に盛り込まれている。その特徴はコンパートメントにある。仕切りを加えることでスッキリとさせている。タウンユースもできる洗練された外観と機能美は、英国の伝統にも負けない作り。釣り人による、釣り人のためのバッグだ。

千葉琢巳さんの愛用ベスト
FILSON ストラップベスト

ストマックポンプと水温計、熊除けの鈴は、ファスナーポケットに。ティペットなどの小物類は裏面の小さなコンパートへ。フォーセプスなどは千葉流にサイドへ着ける。フライラインが引っかかりにくい

ストラップには、クリッパーなどの機能を備えた多機能ツールが

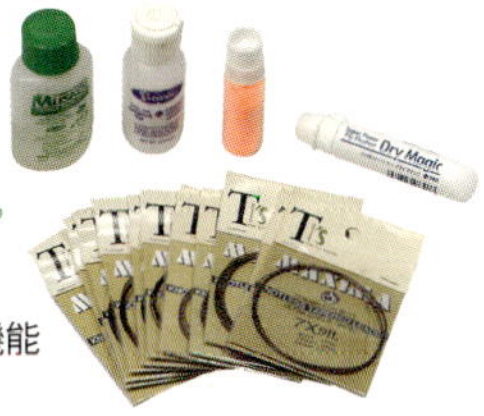

↑リーダーやフロータントは前面のポケットに。釣り場で困らないように、十分な数を用意　←パッチはケースタイプ。フライが壊れないので再利用が可能

ネットは背中に。紛失防止のコード付き。メジャーも装備

FLYBOX
ドライフライのボックスが前面のメインポケットに。大型のボックスも入るコンパートメントになっている

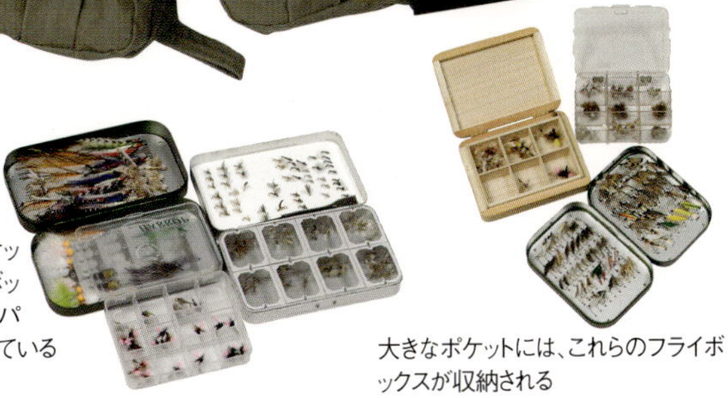

大きなポケットには、これらのフライボックスが収納される

東京・銀座にあるA&F銀座松坂屋店、千葉さんのベストを紹介しよう。愛用のベストはハンティングスタイル。前面の胸元が開いているのが特徴だ。アメリカを中心に海外釣行数も多い千葉さんだけあって、シンプルながらも必要不可欠なフライがびっしりと収まる。ポケットの中を覗くと、それはまさに戦闘服の装いだ。

釣り人インタビュー③ 千葉琢巳（A&Fカントリー銀座松坂屋店・店長）
タックルの選び方とこだわり

海外の川でも腕をふるう千葉さん。信頼のおけるタックルが大物を手中へ導く

ショップから見たお客さま

銀座という場所がらか、品物を見に来るだけというお客さんは多いですね。初心者の人は友達を連れて買いに来ますが、初心者の人ほど店員には声をかけないですよ。フライフィッシングって、やっぱりどこか敷居が高いって感じているのかもしれませんね。人によっては、ショップで「こんなことも知らないの」という感じで、軽んじられた経験があるみたいです。だから、余計に委縮してしまう。専門用語も多いですしね。

でも、ショップの側としては、どこまで知っているのかを最初に話してくれた方が対応しやすいんですね。「よく知らないんですが、本は読んだことがあります」とか「まだ釣りはしたことがありません」「こんな所に行ってみたいんですが」というようにね。そうすれば、フライフィッシングの専門用語を使わないで説明することもできますから。こちらとしてはお客さんが増えるわけで、初めての方でも大歓迎なんです。

最初に何を買ったらいいか

まったく何も知らないっていうお客さんなら、ショップでおすすめする最初の一本は、やっぱり8フィートくらいの4番ロッドですね。キャストしていてもラインの重さがわかりますから。でも、いろんな本を読んで情報を得てから買いに来る人も多いです。ロングリーダーの記事を見ていて、最初から3番って決めこんで買いに来るお客さんも少なくはないですよ。そんなときは、無理に4番をすすめることはありません。欲しかったものを手に入れる方が充実感もありますから。

フライロッドが、金額的に高いという印象を受けることは否定できません。ルアーロッドや餌の竿では考えられない価格ですからね。最低線としては3万円。ひと昔前に比べれば安くはなってきていますが、気軽に買える遊び道具ではないですよね。そこで、ロッド選びのちょっとしたポイントなんですが、いまはロッドに保証がついているものもあるんです。特に初心者の人はロッドを折ってしまうことも考えられますから、保証がついているものを選ぶといいですよ。保証の内容はメーカーやモデルによってまちまちなので、店員に聞いてみるのがいいでしょう。

リールを選ぶときは、よくロッドとのバランスを見てといわれますが、バランスよりは持ったときの「しっくり感」で選んだ方がいい。その人に合うものであれば、手にしたときのしっくりくる感じでわかりますね。それと、ロッドと合わせて、トータルして見た方がいい。ロッドだけをすでに持っている場合は、面倒でもショップまでロッドを持っていって、リールを付けて、合わせてみた方がいいですね。あるいはロッドと一緒に買うのが一番。あとは、格好ですよ。いくら「最初だから、安いリールでも大丈夫ですよ」って言っても、すぐにまた高いリールを買い直してしまう人は多いです。やっぱり最初に見て、格好いいと思ったものを買う方がいいんです。気に入った物だから長く使おうと思うし、大事にもしますから。

あとはウエア。これも自分の好きなスタイルから入るといいでしょう。イギリススタイル、アメリカや日本のスタイル。どんなものでもいいんですが、格好いいと思えるものがいい。アメリカとイギリスのファッションをミックスしてもいいと思いますよ。熟練者は「ミックスするなん

てわかってない」と言うかも知れませんが、好きでやっているんですから。ファッションですし、楽しんでいってもいいと思いますよ。ベテランに「そんなロッドやリールを買って」と言われる初心者の人も多いと聞きます。でも安いロッドでも、その人に合うロッドであれば、それはいいロッドなんです。そのロッドだから、そのリールだから、自分には使いこなせる、といったものも少なくありません。

ちなみに、僕の最初のロッドは10歳のときに買ったものです。いまは折れてしまっていて使い物にはならないんですけど、外観は修復して壁に飾ってあります。でも、そのロッドが合っていたんですよ。いま思えば、そのロッドだったから釣れたっていう魚も数多くいたわけですからね。いずれにしても、最初の一本は思い出に残るロッドです。決して捨てられないですね。タックルには、そんな具合に愛着がわくんだと思いますよ。

千葉さんの記憶に残る美しいイワナ。思い出が増えるのにともなって、タックルへの愛着も深まる

PART 4
タイイング

ベーシックなフライの巻き方をレクチャー

自分で巻いたフライを魚がくわえる。それはフライフィッシングをしていて最もうれしい瞬間だ（写真＝津留崎健）

タイイングの楽しみ

フライは水生昆虫などを模した毛鉤。フライフィッシングは、フライなくしては魚を釣ることができない。フライフィッシャーはフライボックスに十分な数のフライを用意しておく必要がある。フィールドで、必要な時に必要な種類のフライを必要な数だけ使うために、多くの釣り人は自らフライを作っているのだ。

タイイングとはフライを作ること。タイイングとはフックに巻き留めるその様羽などをフックに巻き留めるその様子から、一般には"フライを巻く"と言われている。フライの種類は、ドライフライやニンフ、ウェットなど、釣りのスタイルに応じて分類されている。同じドライフライでもモチーフとなる昆虫によって様々なパターンが存在し、さらに同じパターンでも、色の違い、カタチの異なるバージョンなどに細分化される。たとえば、代表的なコーチマンというフライには、ドライフライのスタンダードパターンやパラシュートパターン、ウェットフライのパターンなどがあり、さらにはロイヤルとか、カリフォルニアといったバージョンがある。コーチマンだけでも、多種多様なフライパターンがあるのだ。

メジャーなフライを巻くのはもちろん、経験をもとにオリジナリティ溢れるフライを作ることもタイイングの楽しみ。もっとリアルに、もっと浮力を高めたりと、さまざまな工夫を取り入れたフライを作れば、自分だけのフライを手にすることができる。

グレートセッジ

フラッシュマドラー

シルバーマーチブラウン

マツーカ

グリズリーキング

ミッキーフィン

ロイヤルコーチマンウエット

ウーリーマラブー

アレキサンドラ

ラビットファーゾンカー

アダムス	イレジスティブル	ヒゲナガラーバ	ザグバグ
ホワイトウルフ	レッドハンピー	ストーンニンフ	ティニーニンフ
ライトケイヒル	CDCダン	モンカゲロウニンフ	テリコ
ブラウンパラシュート	エルクヘアカディス	ビーズヘッドMSCニンフ	フェザントニンフ
ロイヤルコーチマンパラシュート	ポリウイングカディス	ヒゲナガピューパ	ヘアズイヤーニンフ

PART 4 タイイング

タイイングの楽しみ

Tools

PART 4 タイイング / ツール

ツール——道具はフライの仕上がりを左右する。シンプルで堅牢なものを選びたい

バイス(ペディスタル)
重たいベース(土台)がバイス全体を支えるタイプ。場所を選ばずタイイングを楽しめるのが特徴。気が向いたときにリビングなどで手軽にタイイングができる。購入時には、タイイング中にバイス全体が動いてしまうことがないように、十分な重量のあるベースを使っているものを選ぼう。一流メーカーのものは2万円以上と高価だが、一生モノになる

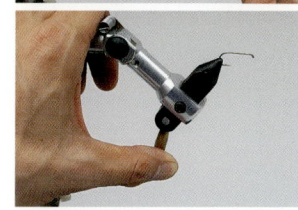

フックの固定
フックの固定方法としてはレバー式とスクリュー式がある。いずれもフックを確実に固定できるものを選びたい。ジョー先端の隙間にフックを差し込み、フックを固定したらグラつかないことを確認しよう。ジョー先端が磨り減ると固定が甘くなる。(写真はレバー式)

バイス(クランプスタル)
ベースがクランプになっているこのタイプは、机の形状によって取り付けることができない場合もあるので購入時に確認したい。価格的にはペディスタルより安いので、タイイングする机が決まっていて、頻繁に取り外しすることがないのなら、こちらがお勧めだ

バイスの機能
ボビンアーム。タイイング中に、スレッドのテンションを緩めることなくボビンから手を離すことができる便利な機能

ロータリー機能。タイイング中にフックを360度回転させることができる。フライ裏側の刈り込みなどで重宝する

ジョーは、フックサイズに応じてフックがしっかりと固定できるよう、すき間の幅を調節できる工夫がされている

マテリアルクリップ。フックに巻き留めているマテリアルを、一時的に固定して作業しやすくするもの

フライタイイングには専用の道具が必要になる。ショップに並んだタイイングツールを見て、その種類の多さに驚いた、という人も少なくないだろう。

しかし、タイイングに不可欠な道具となると、ショップに並んでいる多様なツールの数々からすれば意外なほど少ない。もっとも重要な道具がバイスと呼ばれるもので、フックを固定するのに欠かせないツールだ。

このバイスのほかに、ハックルプライヤー、ヘアスタッカー、シザース、ボビンホルダー、フィニッシャーが主要な道具。その他の多くは、タイイングをより便利にするためのアイテム、といっていい。

さて、基本のツールのなかでも、バイスやハックルプライヤー、ヘアスタッカーは滅多に壊れるものではない。何十年も愛用するものもあるはずだ。初めてだからと、安いモデルを購入するのもいいが、精度が低かったり、飽きが来たりで、買い替えを余儀なくされることも少なくない。タイイングツールは、初めて購入するときから、シンプルで堅牢な作りのモデルを、いつまでも愛用できる道具として選びたい。

96

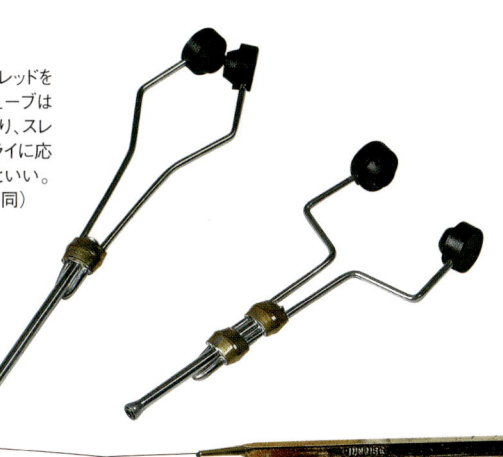

PART 4 タイイング

ツール

ボビンホルダー
ボビンを取り付け、フックにスレッドを巻くための道具。先端のチューブは太さや長さが異なるものがあり、スレッドの細さやタイイングするフライに応じてホルダーの種類を選ぶといい。約1500円（価格は目安。以下同）

ボビン・スレッダー
ボビンホルダーにスレッドを通すほか、チューブの目詰まりを防いでくれる。約1000円

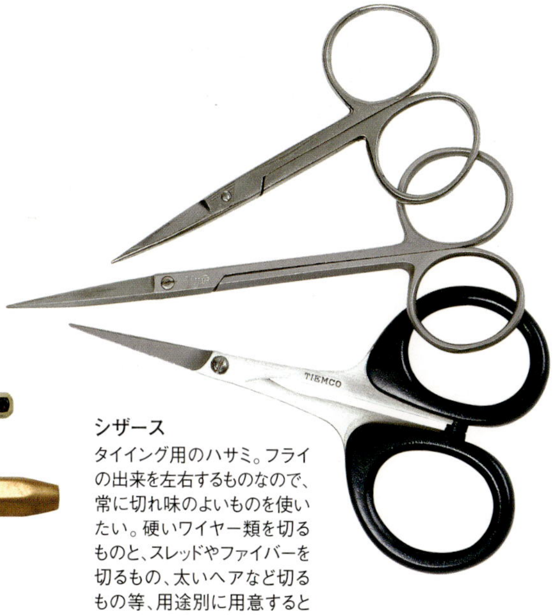

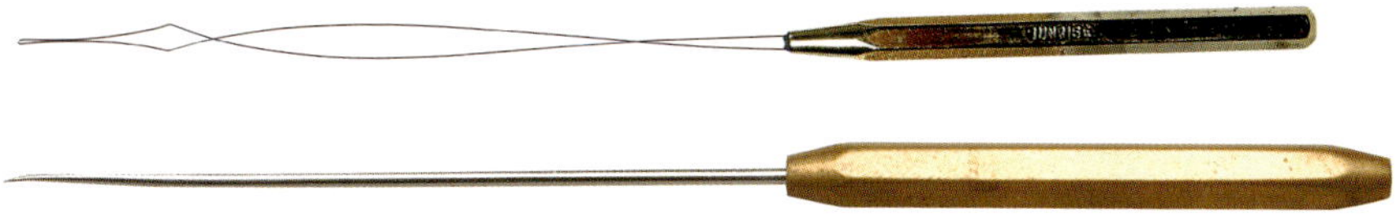

ハーフヒッチャー&ニードル
一方はピッキングに使うためのニードル、もう一方にはハーフヒッチ用の穴が開けられている道具。使われている金属の素材などで価格差はあるが、機能自体には大きな違いはない。あれば便利なツールのひとつだ。約500円〜

シザース
タイイング用のハサミ。フライの出来を左右するものなので、常に切れ味のよいものを使いたい。硬いワイヤー類を切るもの、スレッドやファイバーを切るもの、太いヘアなど切るもの等、用途別に用意するといい。約1000円

ピンセット
小さなフックやフェザーなどを選別したり、ピックアップするときに役立つ。購入時には必ず先端が細く、確実に挟むことが出来るものを選びたい。ブラックフィニッシュは繊細な作業でも目に優しい。約1000円

ハックル・プライヤー
ハックリングするときに使う道具。ハックルのストークを挟んで使う。ハックリングの途中でストークが滑って抜けてしまわないことが肝心。購入後、圧着部分にゴミが付かないようにマメに掃除をするといい。約1500円

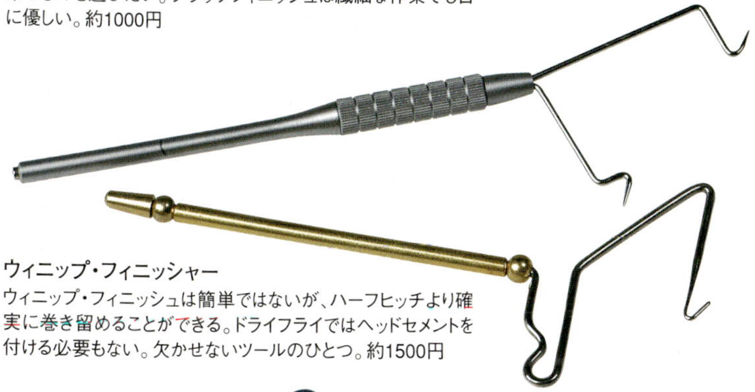

ウィニップ・フィニッシャー
ウィニップ・フィニッシュは簡単ではないが、ハーフヒッチより確実に巻き留めることができる。ドライフライではヘッドセメントを付ける必要もない。欠かせないツールのひとつ。約1500円

ヘアスタッカー
毛先を揃える道具。サイズや材質などの違いでいくつか種類もあるが、ドライフライをメインに巻くのなら、手に馴染む小型のスタッカーが扱いやすい。長年使えるツールのひとつだ。約1500円〜

ダビングブラシ
ニンフ独特の長い毛足のブッシーなボディを、簡単に手早く作るための道具。便利なツールのひとつだ。ニードルのピッキングのように、不用意にボディのスレッドを傷付けてしまう心配がない。約1000円

ツールスタンド
タイイング中は机の上が乱雑になり、小さなツールが行方不明になることも。ツールスタンドを活用すれば、整理整頓、タイイングに集中できる。2000円〜

ダビング・ツィーザー
ループ状にしたスレッドにこれを掛け、スレッドでダビング材を挟むようにして、シェニールのようにするためのツール。ピッキングでは作れない、独特のボディに仕上げることができる。約2000円

Materials

マテリアル ──リアルな虫を演出するフライパターンは、マテリアル選びから

PART 4 タイイング / マテリアル

ハックル

コックネック・ハックルケープには、さまざまなカラーが用意されている。「ケープ」は、雄鶏の首から肩の羽が皮の付いた状態で売られているもの。色はナチュラル色以外に、ダイド（染色）されたものもある。フライのサイズに応じて、適切なハックルを抜き取って使う

コックハックルの使い方
ドライフライに欠かせない、雄鶏のコックハックル。フックサイズによって適切な長さのファイバーを選択する必要がある。タイイングする前に根元のウェッブはしごいて取り除く。ストークが太くて硬いとハックリングしにくい

（ファイバー／コック／ストーク／ウェッブ）

ヘンハックル 
ヘンは雌鶏の羽。コックに比べてファイバーが柔らかく、羽自体が丸みを帯びているのが特徴。ストリーマーなどで使用されることが多い

スペイ
尾部の蓑羽。ハックルとしては特殊な存在だが、近年はウエットフライなどに用いられることが多い。ファイバーが細く、きわめて長いのが特徴。しなやかな動きを見せる

サドル
鞍羽。ネック・ハックルよりも背中側の部分の羽だ。長いストークが特徴で、質のよい雄鶏のものは、大型のドライフライを巻くマテリアルとしても適している

ヘン
雌鶏のネック・ハックル。ストリーマーやウエットフライなど、水中で柔らかな動きを演出したいフライに使われることが多い。コックに比べて値段は安いが、それだけ使用頻度は低い

コック
コックネックは、おもにドライフライパターンで用いられるマテリアル。「AAA」や「AA」といったグレード（品質）が表示される。「AA」グレードで7000円前後。色のバリエーションは豊富

ハックル

ハックルは、ドライフライを作るのに欠かすことができないマテリアル。スタンダードパターンやパラシュートパターンでは、フライが沈まないように水面で支える大きな役割を担っている。

鶏（ニワトリ）の羽は、雄と雌とで硬さや形状が異なるため、タイイングで使い分けられる。雄鶏の羽をコックハックル、雌鶏の羽をヘンハックルと呼んで区別する。また、鶏のハックルは、その部位別に首から肩をネック（またはケープ）、背中から腰に近い蓑羽をサドル、尾部に近い蓑羽をスペイ、と呼んで区別している。

ハックルには、豊富なカラーバリエーションがある。まずは使用頻度の高いグリズリーとブラウン、クリームをハックルケープで購入しよう。ネックは高価なマテリアルなので、必要に迫られてから購入するようにすれば、無駄な出費も少なくできる。

良質なケープは高価だが、品質のよいハックルを数多く取ることができる。購入の際には、パッケージに表記されているグレードを目安にするといい。AAや#2が標準。また、店員の了解を得てからパッケージを開け、ドライフライで多用する、14〜18番フックに適したハックルの量と質を触って確かめる。

98

クイル&フェザー

ティール、ウッドダック、マラード、ブロンズマラード。これらはドライフライのスタンダードパターンで、ウイングとして頻繁に使われるフェザー

グースクイル、ダッククイル、ヘンフェザント（右から、以後同）。ドライやウエットのウイング材で多用される

CDCは欠かせない素材
CDCフェザーを使ったパターンは、経済的かつ釣果の点でも人気が高い。CDCとは鴨のお尻の近くにある羽。油腺が近いので高い浮力を得ることができる。ハックルよりもタイイングは簡単。白やナチュラルグレーなどが人気

マラブー、ピーコックアイ、オストリッチ。ニンフやストリーマーで用いられるマテリアル。柔らかな動きや輝きが、魚にアピールする

スペックルドフェザント、モットルドターキー、フェザント。模様が特徴的な、ウエットで多用するクイル

ファー&ヘア

上から、バックテイル、カーフテイル、スクイレルテイル。これらはすべて尾部。細く長い毛はストリーマーなどに使われる

カーフボディ、ムースボディ、ディアヘア（ナチュラル）、エルクヘア（ナチュラル）、エルクヘア（ブリーチド）。ドライフライのウイングやテイルに使われる獣毛。浮力と視認性があり、クイルやフェザーの代用としても使える

ラビットのダビング材、カットスキン、ラビットファー、マスク。ラビット（ウサギ）といっても、部位や形状の違いで異なるマテリアルとして売られている。どこの毛をどう使うかは、タイイングの経験を積みながら覚え、必要に応じて買い足していくといいだろう

同じ名前でも異なる素材に注意
ディアヘアには、毛が太いものや細いものがあるが、太いヘアほど、高い浮力が得られる。小さなフライにはヘアの毛が細い「コスタルディア」なども用意されているので、フライのサイズや用途に応じて使い分けるといい

クイル&フェザー

鶏以外の多くの羽は、クイルやフェザーといわれる。クイルは硬く太いストークを有している風切羽を指し、フェザーは胸（ブレスト）や脇（フランク）の羽を指す。また、尾羽はテイルと呼んで区別する。

クイルはファイバーが丈夫で結束も固く、虫の羽を模してドライフライなどのウイング材に用いられる。フェザーもまたウイング材に用いられるが、ファイバーが細いので、フェザーのコシの強さといった特徴に加え、ファイバーを重ね、厚みをもたせて使用することが多い。

有名なフェザーのマラード（マガモ）とウッドダック（オシドリ）を比べると、似たような模様なのに価格差は大きい。それはファイバーのコシの強さといった特徴に加え、入手しにくい鳥の羽であるかどうかが、価格に影響するからだ。

ファー&ヘア

ファーやヘアとは獣毛のこと。ファーは柔毛で、おもにダビング材に用いられる。ヘアは硬く、ウイング材などに用いられる。

ファーの代表的なマテリアルには、ラビット（ウサギ）やフォックス（キツネ）、ミンク（イタチ）がある。優しい肌触りの毛皮だ。ヘアはエルク（ヘラジカ）やディア（シカ）が一般的で、張りのある毛並みが特徴だ。ヘアをドライフライのウイング材にする場合は、その太さにも注目したい。浮力に大きく影響するからだ。店頭ではいくつかを手に取り、見比べてから購入するようにしたい。また、視認性を重視するならブリーチ（脱色）されたヘアを選ぶといい。

シンセティック

ツイスト、フラット、オーバール、ワイヤーといった、金属素材のティンセル。ボディやボディのリビング材（装飾や補強するためのもの）として、ストリーマーやウエットフライで多用する

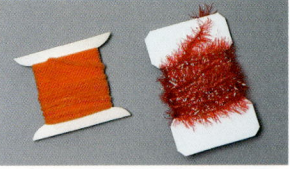

シェニール。ヒモ状のマテリアルだが、これらは芯になっている組糸から、ファイバーを起毛させている。シャンクに巻くだけで、ボリュームのあるボディを作ることができる

UBニンフダブ、フラッシャブーダブ、アントロンダブ、スーパーファインダブ（右から、以後同）。これらはニンフやドライフライに使われるダビング材。色の異なるダビング材をブレンドして使ってみてもいいだろう

ボールチェーン、コーンヘッド、レッドアイ、ビーズヘッド、レッドワイヤー。これらは、オモリとしてフライの一部に使用するマテリアル。ビーズヘッドなどは、その輝きがアピール度を高める

メルティ、オーロラシート、クリスタルフラッシュ、フラッシャブー。おもに水中で使用するフライの、ボディの輝きを強調するために使用するマテリアル。素材自体が長いので、ストリーマーのウイングにも最適

ウィリー、アセテートフロス、ナイロンフロス、シルクフロス。ヒモ状の繊維で、おもにウエットフライのボディに使われるマテリアル。さまざまな色が用意されている

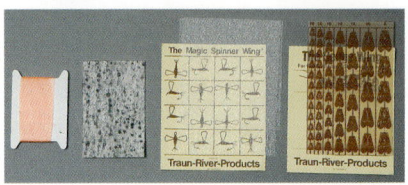

カディスウイング、スピーナーウイング、ポリウイング、エアロドライ。ドライフライのウイングをリアルに表現するマテリアルで、フェザーやヘアより、耐久性をも高めることができる

ドライフライのテイル材として使用するマテリアル。太さが均一なので、わざわざ選りすぐる必要が無く、手早く簡単に、美しいシルエットのフライを作ることができる

シンセティック

フェザーやファーなど、鳥や獣毛のマテリアルの代用品として、人工素材で作られたものがシンセティックマテリアル。金属やナイロン、プラスチックなどを素材にしたもので種類も多い。

これらの素材は入手が容易で価格も手頃。現在、主流のフライパターンを見ても、ダビング材やウイング材、リビングワイヤーやビーズヘッドなど、シンセティックマテリアルがフライの各所に使われていることがわかる。それほどまでに、いまでは欠かせないマテリアルだ。なかでも、フラッシャブーのように、天然素材にはない輝きを放つマテリアルゆえに、釣り人が好んで使用するものも多い。

天然素材では表現できない、人工素材独特の特徴を上手に活用すれば、より釣れるフライや、独創性のあるオリジナルのフライを作って楽しむこともできる。

シンセティックマテリアルは、フライパターンに常に新風を巻き起こしてきた素材なのだ。

スレッド

スレッドの記号
写真は200yds（ヤード）巻きの太さ「8/0」のスレッド。カラーはLt.Cahill（ライトケイヒル）。スレッドの太さは、フライサイズによって選択しよう

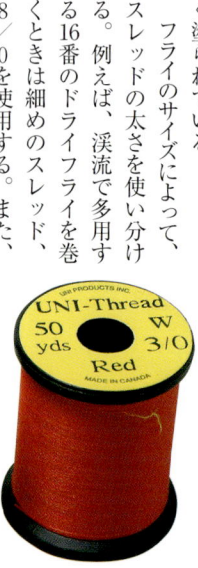

スレッドは3/0→6/0→8/0→16/0の順で細くなる。渓流のドライフライタイイングなら、基本は8/0。ウエットやニンフには6/0、ストリーマーは6/0〜3/0。ミッジには16/0を選ぶといい

スレッド

マテリアルをフックに固定するためのスレッド（糸）。フライを形作るためになくてはならないものだ。ナイロン素材で、表面にワックスが薄く塗られている。

フライのサイズによって、スレッドの太さを使い分ける。例えば、渓流で多用する16番のドライフライを巻くときは細めのスレッド、8/0を使用する。また、湖用のストリーマーやウエットフライなどには3/0や6/0といった太めのスレッドを使用する。

スレッドのカラーは実に豊富にある。フライのパターンブックでは、スレッド色が指定されているが、ボディの近似色を選択すれば間違いない。

Hooks

フック ── フライのプロポーションを決め、釣果も左右する大切な道具

多種多彩なモデルから好みのタイプを選べるフック。それが逆に、タイヤーにとって悩みどころでもある。数多いフックのなかにも、基本となるフックが決められている。その基本のフックに対して、シャンクの長短あるいはワイヤーの太さ、ゲイプの広さといった部分的な特徴をつかみ、タイイングするパターンに応じて、理想的なフックを選択する。もちろん、ドライフライ用やニンフ用など、メーカーは商品を大別しているので、購入時に迷うことはないだろう。

現在、基準とされるドライフライ用フックは、「ティムコTMC100」というモデル。スタンダードなその形状は、時代を超えて継承されているものだ。

多くのフックのフックサイズは偶数番のみラインナップされていて、なる。

この番手の数字が大きいほどフックサイズは小さい。また、シャンクの長さはXLなどの記号で、ワイヤーの太さはファインなどの言葉で表される。フックの記号と規則性を覚えてしまえば、フックの選択は容易になる。

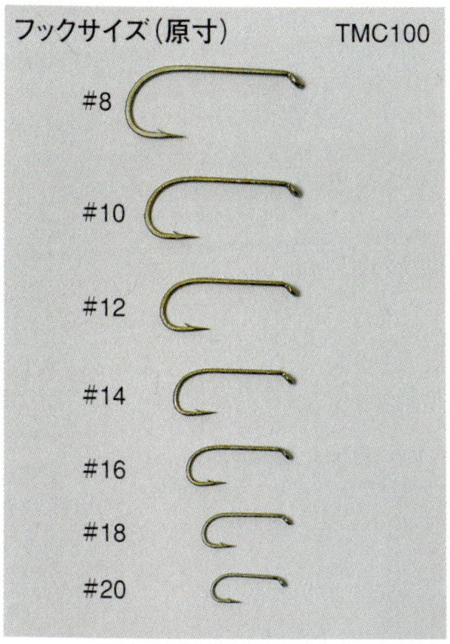

フックサイズ（原寸） TMC100
#8 / #10 / #12 / #14 / #16 / #18 / #20

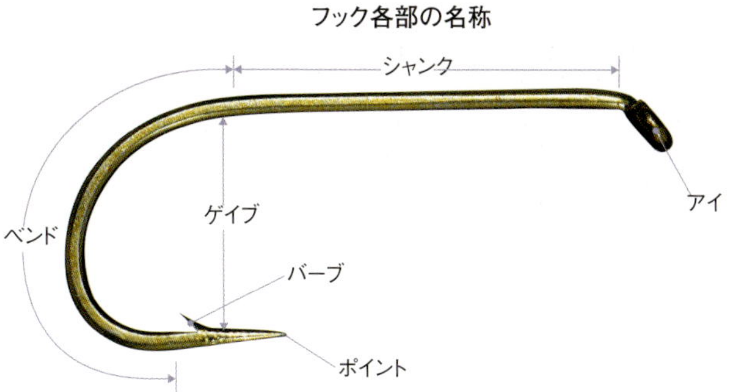

フック各部の名称
シャンク、ベンド、ゲイプ、バーブ、ポイント、アイ

フックの部分名称やフックサイズ、フックの特徴などは、フライパターンを学ぶうえで必要な知識。ぜひ覚えておきたい

フックの種類

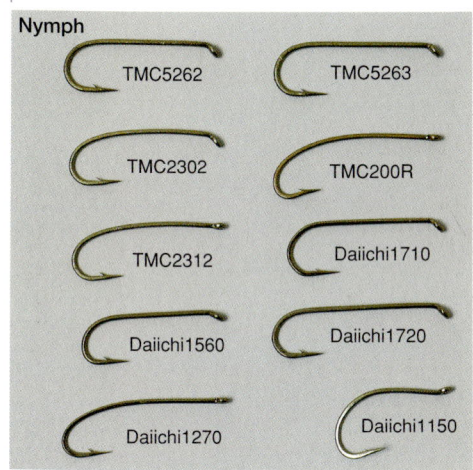

Nymph
- TMC5262
- TMC5263
- TMC2302
- TMC200R
- TMC2312
- Daiichi1710
- Daiichi1560
- Daiichi1720
- Daiichi1270
- Daiichi1150

ニンフ用フックの特徴は、ドライ用フックより太軸でシャンクが長いこと。そのため、重量があって沈みやすく、ロングシャンクがリアルなニンフボディを表現する。基本フックはTMC5262。これをベースにパターンをアレンジしていくといいだろう

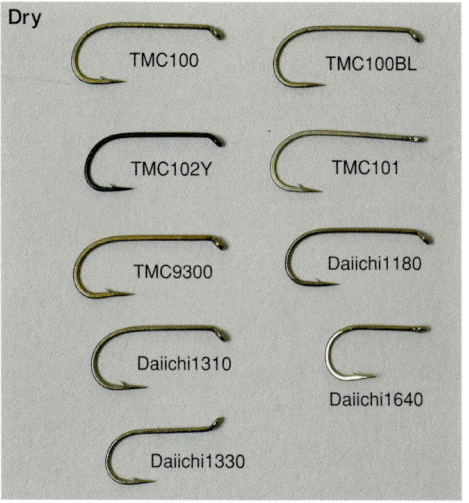

Dry
- TMC100
- TMC100BL
- TMC102Y
- TMC101
- TMC9300
- Daiichi1180
- Daiichi1310
- Daiichi1640
- Daiichi1330

ドライフライのフックは細軸で重量が軽く、基準とされる長さが特徴。写真のようにさまざまなモデルがあるが、1Xファインのワイドゲイプ「TMC100」は基本中の基本。TMC100のカタチをベースに、他モデルの形状や違いを見ていくといい。特徴的なモデルとして、ベンド形状が異なる102Yや、スパイダーパターンなどで使うショートシャンクのDaiichi1640、ミッジで使われるストレートアイのTMC101のようなモデルがある

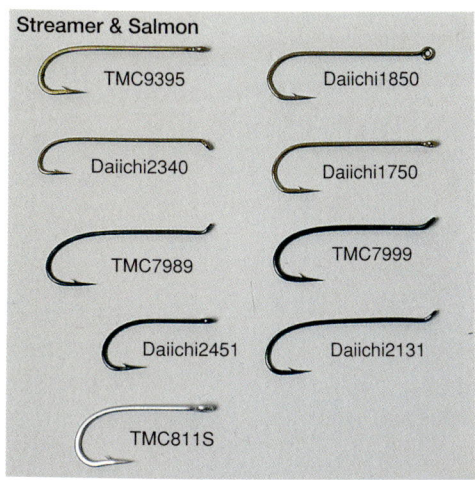

Streamer & Salmon
- TMC9395
- Daiichi1850
- Daiichi2340
- Daiichi1750
- TMC7989
- TMC7999
- Daiichi2451
- Daiichi2131
- TMC811S

ストリーマー用フックは、小魚のシルエットが作りやすい、長いシャンクが特徴。サーモンフックはアップアイになっているのが特徴だ。TMC811Sはソルト（海）用。フックは錆びにくいステンレス製となっている

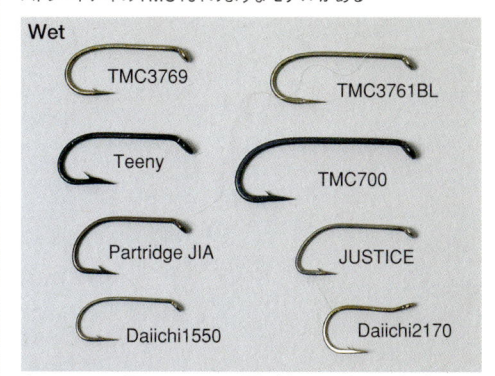

Wet
- TMC3769
- TMC3761BL
- Teeny
- TMC700
- Partridge JIA
- JUSTICE
- Daiichi1550
- Daiichi2170

ウエットフライ用フックはドライ用と似たスタイルだが、沈めるための自重が必要で、そのためシャンクは太い。基本モデルはTMC3769だが、ベンド形状が異なるパートリッジ（スプロート・タイプ）のフックも歴史があり、タイヤーのあいだで人気が高い。ウエットでは魚のホールドも重視される

タイイングの基本テクニック

PART 4 タイイング / タイイングの基本テクニック

タイイングに堅苦しいルールはない。しかし、使用頻度が高く、多くのフライで活用することになる「基本のテクニック」がある。基本のテクニックを確実にマスターすることで、フライを確実に、そして短時間で作ることができる。結果、より多くのフライを巻くことができるようになるのだ。

これらのテクニックを習得することで、壊れにくいフライを作ることができるのだ。フィールドで基本のテクニックは、フライのシルエットや機能にも大きく影響する。とくにフライの耐久性に顕著な違いが出る。これらのテクニックを習得することで、壊れにくいフライを作ることができるのだ。フィールドではフライは必要不可欠。一匹でも多くの魚を釣るためにも丈夫なフライを作っておきたいもの。タイイングツールの使い方も含め、じっくりと解説していこう。

ハックルプライヤーの使い方

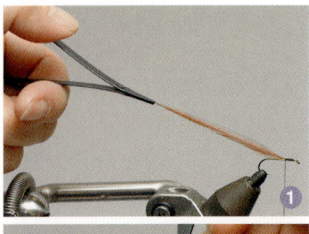

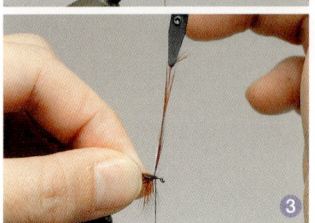

❶ストークと平行にプライヤーではさむと、巻いている途中でハックルが抜けてしまうというトラブルを少なくできる
❷ハックルを垂直に起こし、テンションを掛けながら、アイから見て時計方向に巻いてゆく。ストークを捻らないように注意。このときストークが重なるとファイバーが倒れてしまい、隙間を開けるとストークが動いてしまったり、浮力が乏しくなる原因になるので注意しよう
❸巻き進めるに従いファイバーが立ち上がるが、ストークがファイバーを押さえ込んでしまうこともある。そんなときは、ファイバーを指で後方に倒しながら巻き進めると失敗しない

ハックルの取り付け

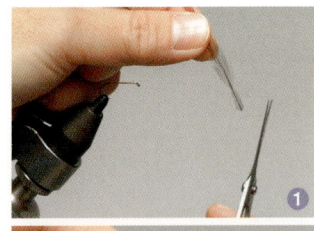

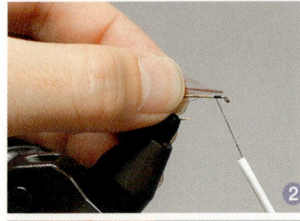

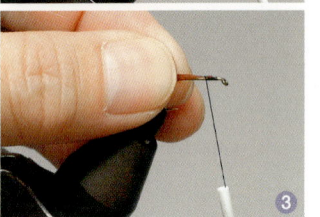

❶下準備がもっとも大切。ウエッブの部分は使わない。硬いファイバーの取り付け部分がクシ状になるように、ストークに少しだけファイバーを残すようにして切り落とす
❷巻き留める部分にストークをあてがい、クシ状に切った部分にスレッドが入り込むようにしながら、スレッドで巻き留める
❸巻き留めたところ。クシ状になっている部分のすべてを巻き留めなくていい。引っ張っても抜けてしまうことはない
❹ストークがシャンクに沿ってきれいに取り付けられている

ファンデーション

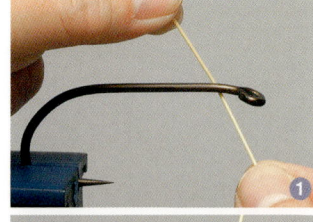

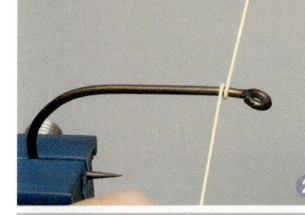

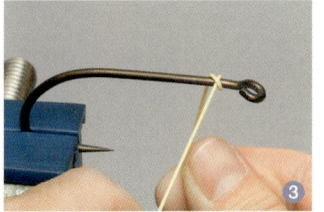

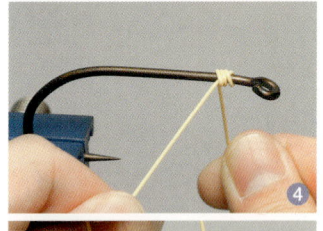

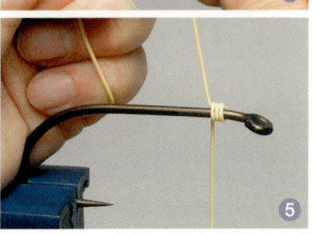

❶右手にスレッドをセットしたボビンホルダーを持ち、左手には伸ばしたスレッドをつまんで持つ。そして、フックの裏側からスレッドを当てる
❷フックの手前で左手を下に、右手を上に移動する
❸右手をシャンクと平行に左手の位置まで動かすと、左手で持っているスレッドの上に、右手のスレッドが斜めに乗る。スレッドが乗ったことを確認し、右手をフックの裏側を通して下に降ろす
❹右手をフック手前からフック裏側に。アイ側から見て時計方向にスレッドを巻き付ける
❺スレッドをしっかりと絞め込むために、左手を持ち上げる。これでスレッドが滑ってしまい巻けない、ということがなくなる。余りのスレッドは切り落とす

102

PART 4 タイング／タイングの基本テクニック

ハーフヒッチャーの使い方

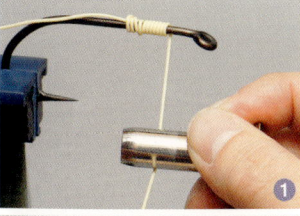

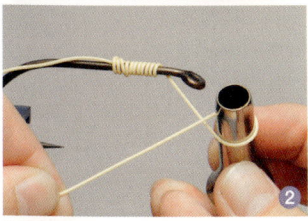

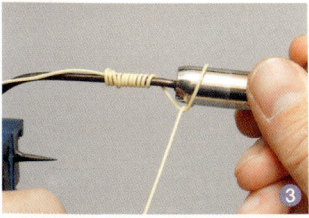

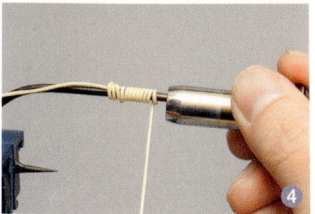

❶右手にハーフヒッチャーを持ち、スレッドの上からあてる
❷ハーフヒッチャーの先を下に向け、手前にスレッドをすくう
❸そのままフックのアイに、ハーフヒッチャーの穴を被せる
❹スレッドを引くと、ループがアイの元に落ち、結びができる

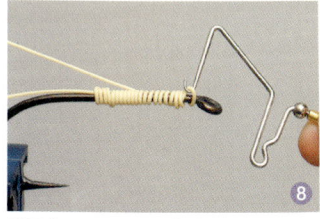

❶写真にあるフレーム部分をつかんだまま、スレッドに上からあてがう。先のカギ部分にはスレッドを掛ける
❷右手はそのままで、スレッドを持っている左手をフックの上まで移動する
❸フレーム部分が回転できるように指を外すと、くるりと回転する
❹さらに、右手を上げる
❺左手のスレッドにテンションを与え、アイから見て時計方向に回転させる
❻スレッドが作る三角形のなかにアイをくぐらせながら巻き進める
❼5回程巻いたら、右手を持ち上げるようにしてくぼみのスレッドを外す

ウィニップフィニッシャーの使い方

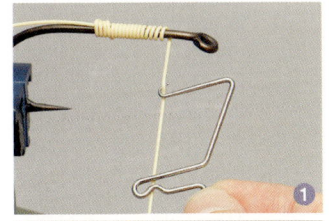

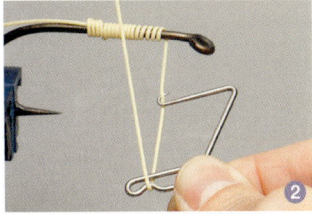

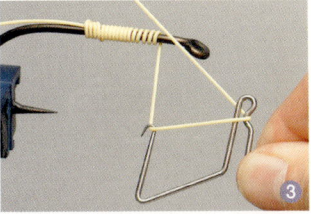

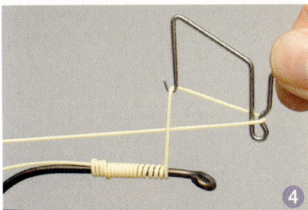

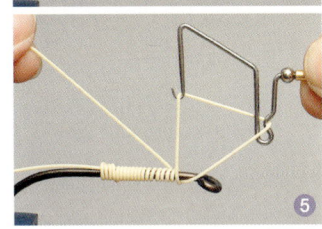

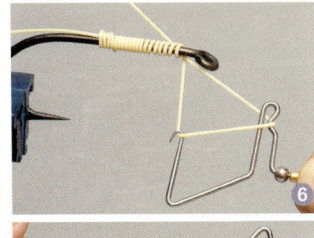

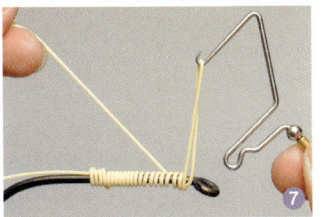

❽左手のスレッドを引っ張ると写真のようになる。最後はカギ部分を外して終了

ヘアスタッカーの使い方

❶ファーの切り出しは、根元にハサミを入れて、必要量を切り離す。切り出したファーには、ドライフライに使うガードヘアと使わないアンダーファーが混在している。長いガードヘアの毛先を持ち、その根元をしごくと、写真のようにアンダーファーが取れる
❷ガードヘアを、毛先側からスタッカーに入れる
❸漆原流は下から硬いもので軽く叩き、スタッカーに振動を与えて毛先を揃える。ヘアが飛び出すことがないように、親指でフタをするといい
❹スタッカーを横向きにし、静かに外側のカバーを引き抜く

ダビングの方法

❶ダビング材をハサミで5mm程度の幅に切り揃える。ダビング材は細かい方がいい。こうすることで、出来あがったボディはしっかり起毛し、フロータントや気泡を抱き込む
❷ダビング材を指で少量摘む。さらにスレッドを挟み込んだら、コヨリを作る要領で一方向にだけ縒る
❸スレッドにダビング材が付いたら、巻き始める位置まで指先で移動させる。こうすることで、無駄なスレッドをボディに巻かずに済む

シザースの使い分け

シザース（ハサミ）は最低3本用意したい。ファー用、スレッドやファイバー用、ティンセル用という具合だ

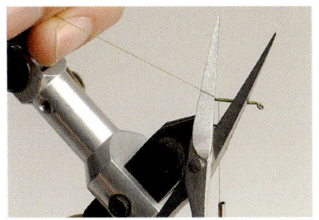

スレッドのカットは鋏んで切るのではなく、刃を当てるだけでOK。切れないときはティンセル用に格下げする

テクニック上達の秘訣

PART 4 タイイング

基本テクニックだけでは、「きれいなフライ」は作れない。自分で巻いたフライは、店で売られているフライと比べなんとなく見劣りするか、ドライフライを使ってみたら浮いているフライの機能に関する問題は、プロポーションの悪さが引き起こしているのだと考えられる。見た目のバランスが悪いというのは、どこかで失敗をしているはずだ。エルクヘアのウイングが少し立っているとか、ハックルの巻き始めでストークがファイバーを倒してしまっているとか、小さなミスに原因があるかもしれない。わずかな失敗が、結果としてハックルがしっかり水面を捉えられず、浮力が持続しない、といった問題を引き起こしてしまうのだ。

初めは釣れればいいか、と考えていたフライも、いずれ「きれいなフライ」をと思うようになるはずだ。魚が吟味するフライだからこそ、出来がいいものを使う必要に迫られるのだ。フライの機能的な問題を回避するためにも、ステップアップのための裏技をいくつかマスターしておきたい。知っていれば「きれいなフライ」が簡単に作れるばかりではなく、作業効率のさらなるアップにも役立つ。タイイングテクニック上達への秘訣だ。

もっとも、テクニック上達の一番の方法は、フライをたくさん作ること。できることならば、毎日1〜2本ずつでも作るようにしたい。これらを踏まえて、「きれいなフライ」を目標にフライを作れば、釣果の向上も間違いない。

理想的なパラシュートの作り方

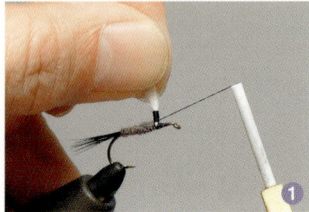

パラシュートのハックルがきれいに巻けないとか、最後のヘッドの処理も嫌だという方にはこんな方法もある
❶パラシュートはポストの作り方次第。しっかりと硬く作る
❷ハックルは上から下へ、ポスト部分に巻き付ける
❸ハックルを2枚使う場合、2枚目は1枚目の隙間にきちんと割り込ませる
❹指でハーフヒッチを作り、ニードルで広げたままウイング側から被せるようにしてポストに結び付ける

ボリュームのあるウイングの処理

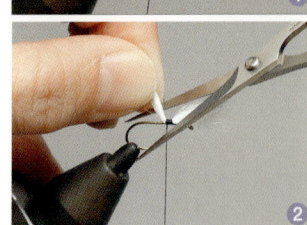

パラシュートなどで、浮力を優先する場合に欠かせないマテリアルがカーフテイル。しかし、スレッドで巻き留めても、ボリュームがあって、ボディがきれいに作れないと悩むことも多い
❶適量をシャンク上に巻き留める
❷余りを斜めにカットする
❸スレッドが乗りやすくなり、段差がないボディができる

テイルはボディになる

ボディに取り付けたウイングの段差をカバーするために、テイルの余りが役立つ。
❶テイル材をシャンクの上に乗せ、スレッドでしっかり巻き留めたら段差部分でカット
❷段差が目立たないようにスレッドで巻き留める

CDCを有効利用する

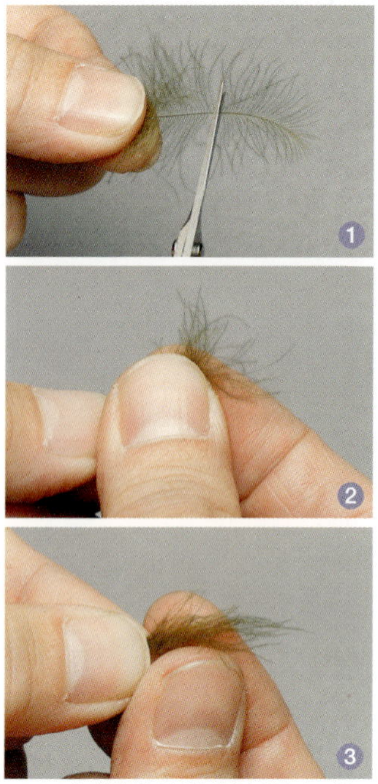

CDCは先端部分だけを使うと思われがち。しかし、高価なのでなんとか余りが出ないように使いきりたいものだ
❶ストークのほぼ半分でカット
❷それぞれを指で先端方向にしごく
❸その先端を揃えて、重ねる
2倍とまではいかないが、1.5倍程のボリュームにはなったはず。ただし、ストークの太さには注意したい

PART 4 タイング｜テクニック上達の秘訣

レッドワイヤーの取り付け

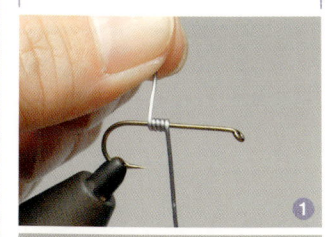

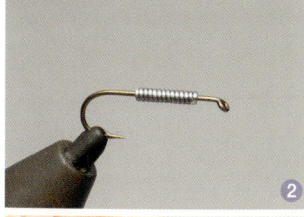

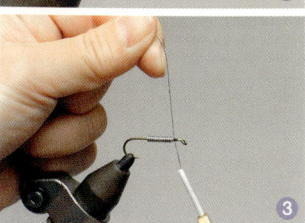

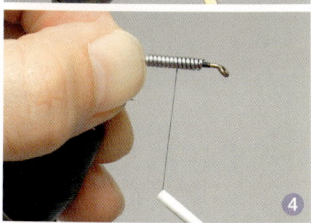

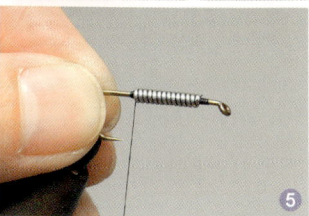

❶シャンクに直接レッドワイヤーを巻き付ける。スレッドを巻く方向とは反対（アイから見て反時計回り）に巻くのがポイント
❷シャンクに必要量を取り付ける。レッドワイヤーは柔らかい。巻き始めと巻き終わりは爪でカットし、飛び出さないように撫で付けておく
❸まず、アイ側をしっかりスレッドで留める。スレッドの取り付けはファンデーションの要領。レッドワイヤーの段差までスレッドを盛り上げる
❹スレッドを後方に移動する。スレッドはレッドワイヤーの隙間に入れる
❺後端の巻き留め。ここも、アイ側と同様、レッドワイヤーの段差までスレッドを盛りあげ、レッドワイヤーが動かないようにする

ワックスは季節に応じて使い分ける

ダビングワックスは、夏と冬では気温差によって硬さが変化するため、使い易い硬さのものをチョイスする

ストリップドピーコックの作成

ピーコックの毛羽立ちは、消しゴムで擦ると簡単に落とせる。昆虫らしいリアルなボディを作るために最適な素材だ

クイルは同じ幅で切り取る

ウエットフライのウイングは、きっちり同じ幅で用意する。これはウイングの取り付けにも影響するので注意
❶デバイダーを利用して取り出す部位を決定
❷デバイダーの針でファイバーがきれいに分かれるので、そこにシザースを差し込む

ボディのアレンジ

❶ドライフライやニンフのボディを普通にダビングして作るとこうなる
❷コーム（クシ）でダビング材を掻き出す。スレッドを切らないように注意
❸ニンフならこのまま使う。ブッシーになり、気泡を抱くので輝き、アピール度がアップ
❹ドライフライやスレンダーなニンフは、この掻き出した部分を丁寧にカットする
❺仕上がるとこんな感じ。❶よりも細く、毛羽立ったボディが出来上がった。ドライフライなら、軽量でフロータントも馴染み易くなり、理想的なボディとなる

ハックルファイバーをきれいに立たせるには

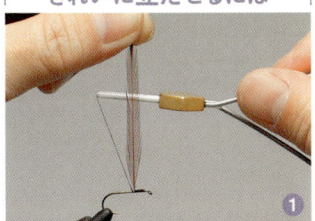

立たない原因はストークがファイバーを倒してしまっているから
❶ストークの根元にスレッドを掛けて立てる。ハックルのクシ状の部分が残してあるのがポイント
❷クシ状の部分があるので無駄なファイバーの巻き込みがなくなる

エルクヘアの巻き留めにひと工夫

きれいなシルエットの秘訣は、エルクヘアの広がりを抑えるのがコツ
❶失敗例。エルクヘアがシャンク横に回り、ウイングも立ち上がっている
❷スレッドを掛けたら、ウイング側の指を放さずできるだけギュッとスレッドを引き絞る
❸さらに、後方側に2～3回巻き進め、ウイングの広がりを調整する

Dry Flies

タイイング実践編

タイヤー＝古川雪浩

実践編では、タイイングの基本が学べる7本のフライを紹介しよう。どれもが簡単に巻けて、よく釣れ、しかも経済的。基本をマスターするにはうってつけのパターンばかり。フライボックスに用意しておけば、いざというときに強い味方になるはずだ。

CDC ダン
手軽に作れるメイフライ・パターン

必要なマテリアル

H＝TMC531#14／Th＝クリーム8/0／T＝ムースボディ／B＝FKダブ（ペールイエロー）／W＝CDC

タイイングの手順

① ファンデーション
② ウイングを付ける
③ ウイングを立たせる
④ テイルを付ける
⑤ ボディのダビング
⑥ ウイングの整形とフィニッシュ

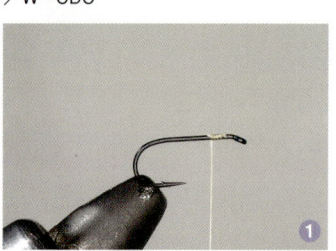

準備しておく タイイング・ツール

手前左から、シザース（スレッドやファイバーを切るものと、ワイヤーを切るもの）、ウィニップフィニッシャー、ハックルプライヤー、ヘアスタッカー、バイス

マテリアルの記号

H＝フック
Th＝スレッド
Wt＝ウエイト
T＝テイル
B＝ボディ
Bh＝ボディハックル
Ha＝ハックル
W＝ウイング
Wc＝ウイングケース
R＝リブ
Rg＝レッグ

---

① ファンデーションをする。フライの自重を軽くするために、下巻は必要最低限に。ファンデーションのスレッドに隙間があると巻き留めたマテリアルが緩んでしまうので注意

② CDCフェザーを2枚選び、ストーク部を持ってファイバーをアイの方向にまとめる。そのままシャンクの上に置き、スレッドを3回掛けて巻き留める

③ CDCを指でつまんで起こし、その根元を、スレッドで前後にそれぞれ3回巻き、ファイバーを立たせる。余分なストークは切り、スレッドをテイルの位置まで巻き進める

④ 2本のムースボディをシャンクの上に真っ直ぐに乗せる。スレッドでウイングの根本まで巻き進めボディの下地を作る。ムースボディの余りを切り、スレッドをテイル側に戻しておく

⑤ ダビング材を少しずつスレッドに縒り付けボディを作る。初めにテイルのベンド側（テイルの後ろ）に1周させてから巻き始めると、テイルがV字に開きやすい

⑥ ボディをヘッドまで巻き進める。ウイングはスレッドに縒り付けたダビング材で、挟むようにしてしっかり立てる。最後にスレッドでヘッドを作ってフィニッシャーで留める

CDCとは鴨の尻毛のことで、水鳥が羽を守るために油を分泌する油腺に近い部位にあるフェザーだ。フライを浮かすための油分が十分に含まれている。タイイングのポイントは、ウイングとなるCDCを巻き留めるだけなのでやさしい。入門にうってつけのパターンだ。

ペールイエローのボディカラーはコカゲロウを意識したもの。ボディカラーとフックサイズを変えるだけで、さまざまなカゲロウをイミテートすることができる。CDCダンは実績の高い汎用性の高いパターンだ、シビアなライズを釣る春先のマッチザハッチをはじめ、シーズンを通してフライボックスには欠かせないフライのひとつ。

Dry Flies

アカマダラ ダン
ハックルを縦に巻くパターン

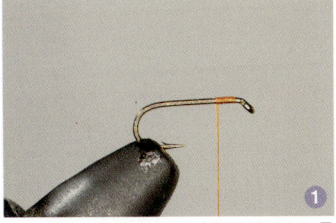

⑥ スレッドにダビング材を縫い付けボディを作る。CDC同様に、ダビング材を縫い付けた状態で、ベンド側に1周させてから巻き進めると、テイル材がきれいに開く

① スレッドは、アイからシャンクにかけてやや長めに下巻きするといい。エルクヘアを巻いたときに、ファンデーション全体が滑って回転してしまうのを防ぐため

⑦ ボディ後部を作ったら一度ダビングを止める。ストークの根元をクシ状にしたハックルを1本用意し、ハックルの裏側が手前を向くようにしてシャンクに巻き留める

② エルクヘアを切り出し(#18で40本前後)、スタッカーで毛先を揃えて、シャンクの上に乗せるようにしてしっかり巻き留める。ウイングの長さはシャンクと同じ長さが理想的

⑧ 再びボディをダビング。段差ができないように、ダビング材の量を調節しながらボディを作る。スレッドで巻き留めたハックルの根元も見えないように覆う

③ エルクヘアを指で摘んで起こし、その前後をスレッドでそれぞれ5回ほど巻き、しっかり立たせる。余分なヘアは切り落とし、その端をスレッドで丁寧に覆う

⑨ ソラックス(胸)部分にハックルを巻く。やや隙間を開けて巻くのがポイント。ストークがズレないようにハックルプライヤーでストークを強めに引っ張りながら巻き付ける

④ エルクヘアを巻き留めている部分を、できるだけ少ない回数で巻いてならし、ファンデーションの要領でスレッドをテイルの取り付け位置まで巻き進める

⑩ ハックルの余りは切り取り、スレッドでヘッドを作る。最後に、水面に浮いたときの安定性を高めるために、ボディ下側のハックルを刈り込めば完成

⑤ テイル材として、ケープのサイドからハックル1本を抜き取り、さらに4本のファイバーを切り出して巻き留める。左右2本ずつに分け、その間にスレッドを割り込ませてV字に開く

必要なマテリアル

H=Daiichi1100#18/Th=ラスティブラウン8/0/T、Bh=ハックルファイバー(ブラウン)/B=フライライト(ラスト)/W=エルクヘア

タイイングの手順

① ファンデーション
② ウイングを付ける
③ ウイングを立たせる
④ ウイングの根元をならす
⑤ テイルを付ける
⑥ ボディ(アブドメン)のダビング
⑦ ハックルを付ける
⑧ ボディ(ソラックス)のダビング
⑨ ハックリング
⑩ ハックルの整形とフィニッシュ

アカマダラというカゲロウの一種を模したフライで、繊細なカゲロウの亜成虫をリアルに表現している。コンパラダンの特徴的なウイングと、ソラックスダンの薄く巻かれたハックルを融合させたダンの薄く巻かれたハックルを融合させたダンのパターン。シビアな状況でも、そのリアルさで魚にアピールするフライだ。

マテリアルは、ハックルとボディのダビング材、ウイングのエルクヘアからなり、ドライフライのタイイングの基本構成を学ぶには最適。例えば、このマテリアルを流用して、エルクヘアカディスを作ることも可能なのだ。

タイイングのポイントは、パラッと薄く巻かれたハックルにある。浮力よりも、カゲロウの頼りなげな「リアルな脚」を想像して作るといい。

Dry Flies

クイルボディ パラシュート
ハックルを横に巻くパターン

⑥ ストリップドピーコックをポストまで巻く。巻き付けるときは、隙間を開けず、重なりがないように均一に巻く。きれいに巻けない場合、原因は凸凹した下地にあることが多い

① ウイング取り付け位置に、やや長めのファンデーションをする。インジケーターの役目をするウイング（ポスト）のカーフボディを切り出して、シャンクの上に巻き留める

⑦ ハックルをポストに沿わせ、表が手前を向くようにして巻き留める。ストークが抜けないように、根元のクシ状の部分にスレッドを割り込ませるのがコツ

② カーフボディの余りは根元を斜めに切り取る。斜め切ることで段差のないボディが作れる。ポストを起こし、その前後をスレッドで巻く。ポストの根元にスレッドを巻き付けて束ねる

⑧ ストリップドピーコックを巻き留めた跡を隠すために、ダビングをしてソラックス部分を作る。太くならないように、スレッドに少量ずつダビングして巻く

③ カーフテイルを根元からスレッドで巻き上げる（アイの幅程度）。ここはハックルを巻き付ける部分になるので丁寧に巻く。その後、スレッドをテイルまで移動する

⑨ ソラックスを作ったら、一度、スレッドをヘッドの位置で止める。ここで、ポストにハックルを巻き付けるスレッドの下地ができているか確認しておこう

④ テイルを作る。ムースボディ2本を巻き留めたら、間にスレッドを割り込ませてV字にする。テイルの余りはボディの下地になるので、ねじれないように注意

⑩ ハックルプライヤーを使ってポストの上側からボディに向かってハックリング。ストークをヘッド部分で巻き留め、ヘッドを作って完成。余りのストークを切り取る

⑤ ストリップドピーコックを、シャンクにまっすぐに沿わせて巻き留める。ストリップドピーコックはピーコックアイを消しゴムでしごいて作るといい

必要なマテリアル

H＝Daiichi1100#16／Th＝ダークブラウン8/0／T＝ムースボディ／B＝ストリップドピーコック、フライライト（ブラウン）／W＝カーフボディ（ホワイト）／Ha＝コックハックル（スペックルドバジャー）

タイイングの手順

① ファンデーション
② ウイングを取り付ける
③ ポストを作る
④ テイルを取り付ける
⑤ クイルを取り付ける
⑥ ボディを作る
⑦ ハックルを取り付ける
⑧ ソラックスのダビング
⑨ ソラックスを作る
⑩ ハックリングとフィニッシュ

パラシュートは、その名のごとく、ハックルを落下傘のようなスタイルに巻いたパターン。これはボディ材にクイルを用いたフライ。美しいボディを作るのはなかなか難しいが、それに見合う釣果も期待できるフライだ。

パラシュートパターンのタイイングのポイントは、ハックルを巻き付けるポストを丈夫に作ること。最初は、ポストがグラつきハックルが抜けてしまうことも少なくない。しかし、本数を巻くことでコツをつかめるはずだ。クイルで作るタイトなボディは、凸凹にならないように、スレッドできれいな下地を作ることが大切。タイイングテクニック上達のためにも、マスターしたいパターンだ。

Dry Flies

エルクヘア カディス
ヘアを使用する基本パターン

4 ボディハックルを5～6回転で巻き留める。ハックルを密に巻かない場合は、ストークが動いてズレやすい。やや強めに引っ張りボディに食い込ませるように巻く

1 ファンデーションをしたら、シャンク後端の位置に、ハックルの表側が手前を向くようにして取り付ける。ハックルは巻き付けたときに均一な長さのファイバーが得られるものを選ぶ

5 切り出したエルクヘアをスタッカーで揃え、左手で持ったままスレッドを掛けてギュッと一度強く巻き留める。さらに、2～3回ほど巻いてから左手を放す

2 スレッドにダビング材を縒り付け、ハックルのベンド側に1～2回巻いてハックルを起こす。これはボディの一部になるので、団子状にならないようにする

6 スレッドに緩みがでてエルクヘアが動いてしまわないよう、ウイング側とヘッド側にそれぞれスレッドを掛けて固定する。アイの長さを目安にして、ウイングの余りをカットすれば完成

3 前方に巻き進めてボディを作る。ヘッド部にはエルクヘアを巻き留めるためのスペースを残しておく。ダビング材の上からではヘアが固定されずに動いてしまうので注意

必要なマテリアル

H=TMC103BL#11／Th=ラスティブラウン8/0／B=フライライト（クリーム）／Ha=グリズリー／W=エルクヘア（ナチュラル）

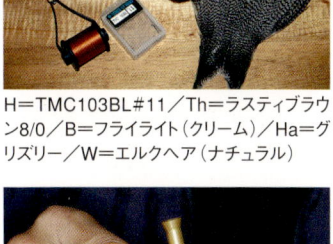

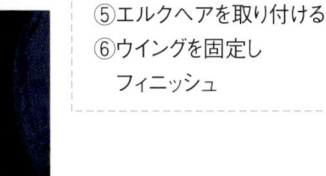

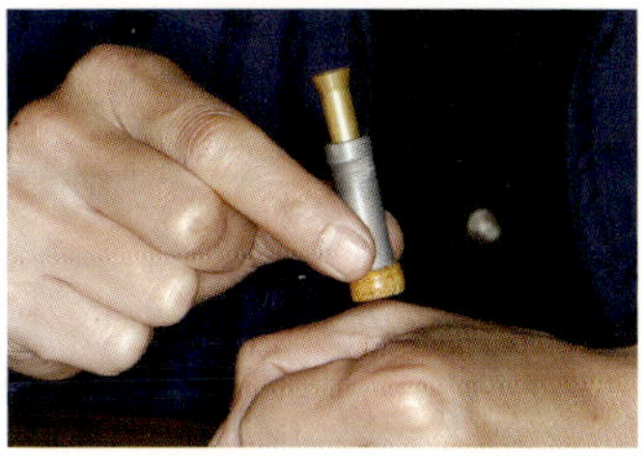

切り取ったエルクヘアの束をスタッカーに入れ、手の甲など硬い場所でスタッカーの底を数度叩くと、ヘアの先端がキレイに揃う

タイイングの手順

① ファンデーション
② ボディハックルを取り付ける
③ ボディを作る
④ ハックリングする
⑤ エルクヘアを取り付ける
⑥ ウイングを固定しフィニッシュ

ヘアウイングの取り付けをマスターする

2 指のなかはこのように。ヘアを指で押さえておくとフレアーを最小限にできる。さらにスレッドを掛けて固定する

1 スレッドを指の腹に沿わせるようにして、ヘアの外側に回したらギュッと引き絞る。ヘアは常に指でしっかりと押さえておく

3 スレッドに緩みがあると、ヘアが動いたり、フレアーする。そんなときは、スレッドを一旦、シャンクに巻いてから、さらにスレッドを掛けて固定する

カディスパターンの代名詞、エルクヘアカディス。エルクヘアの高い浮力を活かした、よく釣れるシンプルなパターンだ。

タイイングのポイントは、エルクヘアをまとまりよく取り付けること。エルクヘアを巻き留めるスレッドの力加減ひとつで、その出来映えは左右される。ヘアがフレアー（広がる）しないように、また、スレッドが弛んでヘアが動いたり抜けたりしないように気をつけたい。この作業の応用は、ウェットフライでも使う。しっかりマスターしよう。

エルクヘアカディスの実力は、パラシュートパターン同様に高い。ナチュラルドリフトよし、逆引きでもよし。意図的に少し沈めて使うなんていう裏技もある。

ボディハックルが水面でフライを支えるのだが、時折、ウイングが重く、横向きに倒れてしまうこともある。そんなときは、フック側のハックルを切る。

Nymphs

フェザントテイル ニンフ
ベーシックな古典的ニンフパターン

⑥ アイ側の余ったフェザントテイルをカットし、ソラックスのピーコックハールを巻き留める。1本の長いハールの、やや中央に近い少し太い丈夫な部分を使うといい

① レッドワイヤーをシャンクに巻き付けてから、スレッドで動かないように固定。レッドワイヤーの前後は、スレッドで幾重にも巻いておく。ボディ後方までファンデーションをする

⑦ ピーコックハールを巻いてソラックスを作る。ハールのファイバーは後方に広がる。ヘッド部分を少し広めに残しておくと、後の作業がしやすくなる

② テイルになるフェザントテイル3本をまず取り付ける。ボディになるテイルの余りを後方に折り返したら、ワイヤーティンセルをシャンクに沿わせて巻き留める

⑧ パートリッジのストーク先端部を切り取るとファイバーがV字になる。それをヘッドの位置にあてがい、ファイバーを下側に集めながらスレッドで巻き留めてレッグを作る

③ 後方に折り返していたテイルの余りを束ねて持ち、ねじれないようにレッドワイヤーのところまで巻く。ねじれるとファイバーが重なり、きれいに起毛しないので注意しよう

⑨ レッグの余りをカットし、ウイングケースを被せる。フェザントテイルがバラけないように指で持ち、強めに引っ張りながらスレッドで巻き留めるといい

④ ワイヤーティンセルをレッドワイヤーの位置まで等間隔にリビングする。ティンセルは、輝きをアピールし、切れやすいフェザントテイルを保護する目的もある

⑩ ヘッドの位置で、スレッドがしっかりフェザントテイルを押さえていないと、ウイングケースが壊れる原因になる。⑨の状態でスレッドを多めに掛けてヘッドを作り、余りをカットする

⑤ ティンセルの余りをカットし、ウイングケースを取り付ける。ウイングケースにするフェザントテイルを前方に折り返したときに、ウイングケースとボディの間に隙間がないように取り付ける

必要なマテリアル

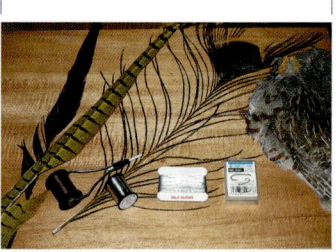

H=TMC3761#14／Th=ダークブラウン8/0／Wt=レッドワイヤー／T=フェザントテイル（イエロー）／B=フェザントテイル（イエロー）、ピーコックハール／R=ワイヤーティンセル（シルバーS）／Wc=フェザントテイル（ブラック）／Rg=パートリッジ

タイイングの手順

① レッドワイヤーを取り付ける
② テイルとアブドメン、リビングワイヤーを付ける
③ アブドメンを作る
④ リビング
⑤ ウイングケースを付ける
⑥ ソラックス（ピーコックハール）を付ける
⑦ ソラックスを作る
⑧ レッグを付ける
⑨ ウイングケースを作る
⑩ ウイングケースの仕上げとフィニッシュ

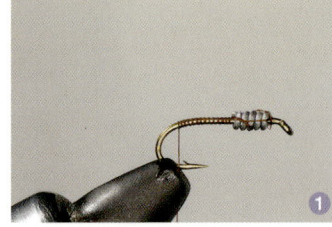

古典的なパターンながら、人気と実力を誇るフェザントテイルニンフ。ドライフライ派であっても、フライボックスに密かに入れておきたいフライなのだ。

マテリアルはシンプルだが、タイイングは手が込んでいる。このパターンでマスターすべきは、ティンセルやレッドワイヤーの扱いと、レッグになるパートリッジフェザーの使い方。ティンセルは、スレッドで巻き留めてもスルリと抜けやすいので注意しよう。また、パートリッジはニンフやウエットで多用するマテリアル。このフライで、扱い方をマスターしておきたい。

アウトリガーでもルースニングでも使える万能フライ。ニンフのパイロットフライとして、試してほしい。

Wet Flies

パートリッジ＆オレンジ
ウエットの入門に最適なソフトハックルフライ

ソフトハックルと呼ばれるこのパターンは、ウエットのなかでも極めてシンプルそのもの。ウエットフライに挑戦してみるのなら、まずはこのフライから始めてみよう。

素なスタイルながらも、安定した釣果を得られる1本。その容姿のままに、マテリアルもタイング

必要なマテリアル

H＝Daiichi1530#6／Th＝ラスト8/0／B＝シルクフロス（オレンジ）／R＝ワイヤーティンセル（シルバーS）／Ha＝パートリッジ

タイングの手順
① ファンデーション
② ワイヤーティンセルとボディ材を付ける
③ ボディを作る
④ リビング
⑤ ハックルを付ける
⑥ ハックリングとフィニッシュ

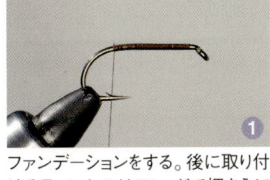

① ファンデーションをする。後に取り付けるティンセルはスレッドで押さえにくく、抜けやすい。ファンデーションは緩まないように、密に巻いておく

② 初めにティンセルを取り付け、次にフロスの束をほどいてから適量を取り付ける。ティンセルとフロスはシャンクに沿わせてアイの手前まで巻く

③ フロスを巻いてボディを作る。下地になる❷の作業で、均一にティンセルとフロスを巻き留めていないと凸凹になるので気をつけよう

④ ティンセルでリビングする。スレッドで巻き留めたティンセルは、ヘッドの幅が狭いと抜けてしまう。また、リビングが緩まないようにも配慮

⑤ パートリッジの先端をハックルプライヤーで摘み、ファイバーを根元側にしごいたら、表が手前になるようにして巻き留める

⑥ パートリッジを2〜3回ハックリング。ヘッドをきれいに作るために、ストークが少しでも太くなっている部分はハックリングしないこと

コーチマン ウエット
ウイングがあるスタンダードなパターン

ウイングをもつ、オーソドックスなウエットフライパターン。ウエットフライの美しいプロポーションは、ウイングの立ち方で決まる。ウイングは、シャンクの真上に平行に取り付ける必要があるが、難易度が高い。とにかく本数を巻くことが、美しいフライを作れる近道だ。

必要なマテリアル

H＝Daiichi1530#12／Th＝ダークブラウン8/0／T＝ゴールデンフェザントティペット／B＝ピーコックハール／Rg＝コックハックル（バジャー）／W＝グース（ホワイト）

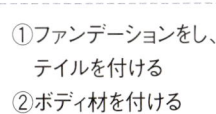

タイングの手順
① ファンデーションをし、テイルを付ける
② ボディ材を付ける
③ ボディを作る
④ ハックルを付ける
⑤ ハックリング
⑥ ウイングを取り付けフィニッシュ

① ファンデーションし、テイルを取り付ける。スレッドを強く締めすぎてもテイルがばらけやすい。スレッドを緩めに掛けて、整えてから締めこむ

② ボディになるハールを2〜3本巻き留める。ハールは先端側を巻き留めるが、先端は千切れやすいので太さがあるところから使う

③ ハールをねじらないようにして巻く。ねじるとハールが重なり、きれいに起毛しない。すべてのハールを指で引っ張りながら同時に巻くといい

④ レッグにするコックハックルを取り付ける。ファイバーの長さはゲイプ幅が基本。ウイングを取り付けるためのヘッドのスペースを確保しておく

⑤ ハックルをパラリと巻いてレッグを作る。巻いた後で、上側に広がっているファイバーを指で下側にまとめ、スレッドで巻き留める

⑥ ウイングをシャンクに乗せ、指で固定したままスレッドを掛けたら、いっきに強くスレッドを引き絞り、続けて3回ほど巻く。ヘッドを作って完成

PART 4 コラム　釣り人インタビュー④

釣り人インタビュー④ 漆原孝治
巻いて釣ることがタイイング上達のカギ

ロッドを振る漆原さん。自分で巻いたフライを使ってみることが大事だと話す

タイイングを始めたきっかけ

タイイングを始めたのは、フライフィッシングを始めたのと同時で、今から30年も前のこと。釣りもタイイングも一緒に覚えていったんです。

そのころ売っていたフライなんて、ドライフライか、ウェットフライか区別がつかないものばかりだったし、値段も高かった。フライにお金をかけるなら、釣りに行った方がいいと思っていました。

当時、たまたまなんですが、家の近くに趣味でやっているような釣具店があって、そこでフライの道具を売っていたんですよ。フライフィッシングがこれほどメジャーではない時代だったから、フライの道具を売っていること自体、かなり珍しいことでした。その店で、常連のお客さんに

ルアーフィッシングを教えるかわりに、フライフィッシングを教えてもらったんです。

それで、まず『ウエスタン・トラウトフライ・マニュアル』という洋書を買って、それを見ながらタイイングしてみようと思いました。でも、とにかくちゃんとしたフライを目にする機会は、洋書か釣具メーカーのカタログしかなかったんですから。

最初は、当然ながら見よう見まねの我流。とにかく作ってみて、わからないことがあったら、数少ない埼玉のプロショップまで行って教えてもらっていました。フライフィッシングに関しての情報はもちろんのこと、タイイングに関してはさらに情報が乏しかったですね。

それから、フライフィッシングを通じていろんな人たちと知り合いました。そのなかに編集をしている友達がいて、ある日、フライを巻いてほしいという依頼があったんです。それから、自分の巻いたフライが本に掲載されることが多くなった。それで、いつのまにか「タイイングなら あの人」って言ってもらえるようになったんですよ。

パターンへのこだわり

フライは最初からガシガシ巻きましたね。とにかく本数を作った。そして、それを持ってとにかく釣りに行ったんです。巻いたときにこのフライのここがダメだったと気づくわけではないので、巻くだけじゃなくて、使ってみないと。魚を釣るために作ったフライですからね。

タイイングするときには、マテリアルにはあまりこだわらないですね。最初に作るときにはテキスト通りのものを使うけど、それで使ってみて「ここはこっちの方がいいかもしれない」と思ったら、マテリアルをどんどん変えてしまいます。ハンピーのオーバーウイングなどは、でっかいイワナを釣ったら、一発ですぐ切れてしまうじゃないですか。だったら、スポンジを使っちゃおうとかね。そうすれば切れにくくなるし、浮力も高まるし、視認性だっていいですよね。オリジナルのパターンは基本であって、自分なりにもっと使いやすくすることは可能なんです。

フライを作るうえでは、スタイルも大事ですね。バランスがとれたきれいなフライは、よく釣れるかどうかは別にして、魚が釣れる必要最低限の条件を満たしているっていうことですよね。だから、できるだけていねいに作った方がいいと思います。

フライは最初からガシガシ巻きますと言いましたが、いまはスタンダードが主流ではないですからね。作っても使わなければ意味がない。渓流で使うフライの主流は、パラシュートやCDCダンなんでしょうけどね。パラシュートは初心者が使うにはいいパターンだと思います。でも、タイイングするとなると、本当はものすごく難しいパターンなんですよ。ハックルをきれいに巻こうとすると大変。CDCダンも使うにはいいフライなんだけど、巻くことによってタイイングの上達が見込めるかっていうと、望めそうもないし。現在はエルクヘアカディスをきっちり巻くことが、基本なのかもしれません。

フライは必要だから本数を巻く。本数を巻けば自ずと丈夫な、かっこいいプロポーションの、いいフライを作れるようになる。心配しなくても、上達するようになるものでしょう。やっぱり、いっぱい巻いて、いっぱい釣りに行くのが一番。それがフライフィッシングの上達のコツなんですよ。

これから始めるなら

入門者が最初に巻くフライには何がいいかって、よく聞かれますが、ひと昔前その選択は難しいですね。

ていねいなタイイングを心がけるのは、魚に見破られて悔しい思いをしないためだという漆原さん

112

PART 5
フィールドワーク

対象魚とその餌となる虫の生態を知る

渓流の周辺をじっと観察してみると、魚の餌となる虫たちも見つけられる

水生昆虫の種類

メイフライ

スピナー
スピナーは成虫で、透明な羽が特徴だ。産卵を終えて水面を流れるものはスペントといわれ、フライではその姿が模される

ダン
羽化したばかりの亜成虫。特徴としては羽が透明ではなく、テイルがアダルトに比べて短め。ドライフライの多くがこれを模したもの

ニンフ
水中で過ごす幼虫期はニンフ。模したフライもまたニンフという種類のものが使われる。羽化が近づくとウイングケースが黒ずむ

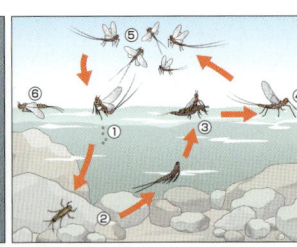

メイフライのライフサイクル
卵からニンフになり、ダンに変態、その後さらに脱皮をしてスピナーになる。そして産卵。産卵を終えた個体は弱ってスペントとなって流される。羽化のために浮上することをイマージング、水面で脱皮する姿をフローティングニンフという。羽化形態は種類により異なる。シロハラコカゲロウやアカマダラカゲロウ、モンカゲロウなどは水面で羽化するが、エルモンヒラタカゲロウは水中羽化、フタオカゲロウ科やチラカゲロウ科は陸上で羽化する

カディス

アダルト
脱皮をするとアダルトになる。エルクヘアカディスなど、ドライフライのカディスパターンの多くはこれを模したもの。使用頻度が高い

ピューパ
ピューパはさなぎだが、この時期は硬い巣の中で過ごす。魚に狙われるのは羽化するときの一瞬。泳ぎながら脱皮する

ラーバ
石の間に巣を作るヒゲナガのラーバがこの代表。フライではツツトビケラなどを模したケースドラーバがよく知られる

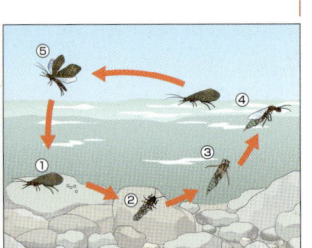

カディスのライフサイクル
卵からラーバになり、多くは巣を作って幼虫期とさなぎ期を過ごす。ピューパになった後、水面で脱皮してアダルトに変態。そして産卵し、メスが水中に卵を置く。ラーバの多くは水底の砂などで巣筒を作るが、この巣筒をもった状態のものはケースドラーバ、もたないものはフリーラーバと呼ばれる。羽化のために水面に駆け上がる動作は、メイフライ同様にイマージングという。また、産卵のために成虫のカディスが水中に潜るのだが、それをダイビングカディスという

フライフィッシングでは、対象となる主な水生昆虫とフライの関係について知ることが大切だ。

メイフライとはカゲロウのこと。これはニンフ(幼虫)からダン(亜成虫)になり、スピナー(成虫)へと変態する。多くの昆虫のようなさなぎ期はとらず、ダンという前期成虫時代を経て成虫になる。そして、ニンフから脱皮した直後のダン。このときはまだ飛ぶことがままならないので、魚も捕食しやすい。ドライフライの多くが、ダンを模しているのはそのためだ。

カディスはトビケラのこと。こちらはラーバ(幼虫)からピューパ(さなぎ)になり、アダルト(成虫)になる。ピューパは泳ぎながら脱皮し、アダルトに変態する。そのため、ドライフライのほかにも、ウエットフライやニンフとしての選択しかない。

ストーンフライはカワゲラ。これはニンフ(幼虫)からアダルト(成虫)へと変態する。こちらも不規則な変態で、特徴は陸にはい上がって脱皮すること。それゆえ、ドライフライかニンフとしての選択しかない。

ミッジとはフライフィッシングで使用される小型のフライの総称。ユスリカを指すクロノミドという言葉もあるが、ミッジという総称が使われることが多い。これはラーバからピューパ、アダルトに変態する。カディスと同じだが、カディスピューパのように泳ぐことはない。カディスピューパのように泳ぐことはない。

そして、テレストリアル。陸生昆虫も水面に落ちれば餌になる。

ストーンフライ

羽化は陸上で
川岸の石を観察すると、羽化期にはこのような抜け殻を無数に見つけることができる。羽化は陸上で行なうので、魚に狙われることは少ない

アダルト
アダルトはボディとウイングが長い。そのためにロングシャンクのフックで作られることも少なくない。カディスタイプで代用してしまうことも多い

ニンフ
短いテイルと大きなウイングケースが特徴で、フライのニンフパターンでもそれが再現されるものが多い。カゲロウに比べてフライのサイズも大きめ

ストーンフライのライフサイクル
卵からニンフになり、月日を重ねて成長し、陸上で脱皮をしてアダルトに変態する。産卵後の卵塊は水面で粒になり、流れに散る。このストーンフライには、さなぎや亜成虫の時期がないのが特徴だ。オナシカワゲラやミドリカワゲラモドキがフライフィッシングではよく知られるが、個体の似たものが多いことや、羽化が陸上で行なわれることなどから、あまり重視されることのない水生昆虫。日本ではフライのバリエーションも少ない

ミッジ

アダルト
群れ飛ぶ姿を見ることが多い。ゆるやかな流れでは、スタンスを高くしたシルエットをぼかしたパターンや、ハックルが少ないリアルなものが使われる

ピューパ
羽化のため水面に浮上するさなぎ。ボウフラがよく知られる。ピューパといってもカディスのように泳ぎ回ることはなく、フローティングニンフに近い

ラーバ
アカムシなどに代表されるラーバ。川の栄養度によって色が変わり、赤は水の富栄養化を表わす。渓流ではクリームやブラウン、グリーンのものが多い

ユスリカのライフサイクル
卵からラーバになり、ピューパへ。水中で脱皮してアダルトに変態する。ラーバは泥で作った巣を有することもある。川でユスリカのラーバやピューパを目にする機会は、流下ネットなどを使用しない限り意外と少ない。しかし、釣れた魚をストマックすることで、このユスリカが重要な虫だと認識できるだろう。よく知られるユスリカにアカムシがある。これは湖などに多いオオユスリカのラーバ。個体の色は水の栄養度によって変わる。

テレストリアル

ホッパー
川岸でバッタもよく目にするが、これも魚の格好の餌になる。ホッパーのほかマドラーやカディスなどのパターンが、バッタとして使用される

アント
ムネアカオオアリなどを模したもの。夏の定番フライ。水温が高いときは魚が白泡のなかにいることが多い。黒いボディはそこでの視認性が高い

ビートル
甲虫の総称がビートル。やや小型のコガネムシなどがよく捕食される。これを模したパターンには、浮力が高いウレタンフォームが使われている

陸生昆虫
テレストリアルとは、陸生昆虫全般を指すもので、そのなかにはビートル（甲虫）やアント（アリ）、ホッパー（バッタ）などが含まれる。夏に限れば、テレストリアルは水生昆虫と同等に効果のあるフライ。陸に棲息するものなので、常に魚に食べられているわけではないが、何かの拍子で木の葉などから落ちてしまったときに、魚に狙われて捕食される。盛期は個体数も多いので、それだけで胃が満たされていることも少なくない。このほかにも、トンボや毛虫、カメムシ、カエルまで、さまざまな生き物が魚の餌になる

PART 5 フィールドワーク　水生昆虫の種類

ハッチチャートを活用する

PART 5 フィールドワーク

虫たちの羽化の時期を知れば適したフライがわかる

標準的なハッチの時期

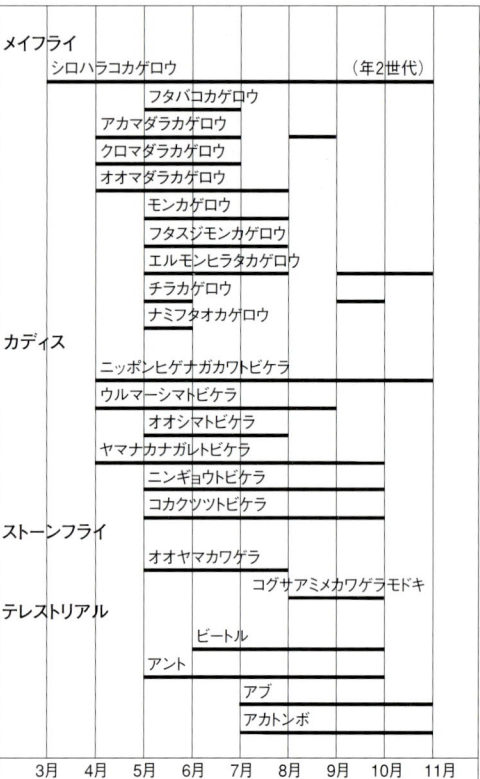

	3月	4月	5月	6月	7月	8月	9月	10月	11月
メイフライ									
シロハラコカゲロウ		━━━━━━━━━━━━			(年2世代)		━━━━━		
フタバコカゲロウ			━━━━━━━━━━━━━━━━━━━━━						
アカマダラカゲロウ			━━━━━━━						
クロマダラカゲロウ			━━━━━━━━━━						
オオマダラカゲロウ			━━━━━━━━						
モンカゲロウ			━━━━━━━						
フタスジモンカゲロウ			━━━━━━━						
エルモンヒラタカゲロウ			━━━━━━						
チラカゲロウ			━━━━			━━━			
ナミフタオカゲロウ			━━━━━						
カディス									
ニッポンヒゲナガカワトビケラ			━━━━━━━━						
ウルマーシマトビケラ			━━━━━━━						
オオシマトビケラ			━━━━━━━━━						
ヤマナカナガレトビケラ			━━━━━━						
ニンギョウトビケラ			━━━━━━						
コカクツツトビケラ			━━━━━━						
ストーンフライ									
オオヤマカワゲラ			━━━━━━						
テレストリアル									
コグサアミメカワゲラモドキ				━━━━━━━━━━━					
ビートル				━━━━━━━━━━━━━					
アント			━━━━━━━━━━━━━━━━━━						
アブ					━━━━━━				
アカトンボ					━━━━━━━━━━━━━				

カゲロウはステージも大切

カディス。時間帯も重視

ストーンはアダルトを重視

夏場に多くなるビートル

水生昆虫には、それぞれ羽化期がある。例えば、モンカゲロウは5～8月で、最盛期が5月ということはよく知られている。地域や気候、水温などの条件で時期は前後するものの、釣り人として羽化期は必ず知っておきたい情報だ。そのような情報はフライフィッシング関係の書物や水生昆虫の図鑑などから収集できる。左の表は河川を特定することなく、各種の虫の羽化期を知るためのチャートにしてあるが、固有の川のハッチャートを釣具店などで見ることもできる。このようなチャートを活用すれば、いまどんな虫が羽化する季節なので、どんなパターンを用意していけばいいのかが一目瞭然だ。

より詳しい個別の河川の情報を作成している釣り人も少なくない。専門的には流下ネットを使って調べるのがいいが、釣りをしながらではそれも難しい。そこで、流下する虫を目で確認したり、ニンフを採取したり、釣れた魚にストマックポンプを使って情報を集める。帰宅後は集めた情報をノートなどに整理しておく。その際に使うことはできないが、次のシーズン以降はそれをもとにフライを用意できるようになる。さらに詳しいハッチチャートを作成するのなら、時間ごとの変化をチャートにすると、釣りだけでは知り得ないことがわかる。

羽化する時間も重要

7月○日　山形県○○川
天気　曇のち晴れ
気温　23～28℃
水温　18～20℃

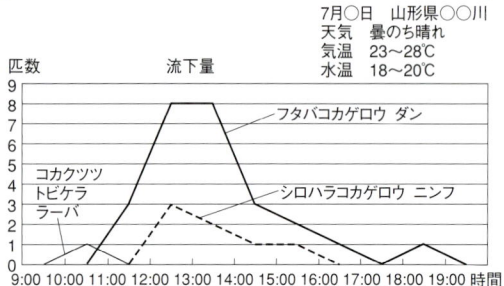

時間ごとに調べたチャート。時刻や日照、水温などの条件によって、流下する虫の種類や量が変わる。このようなデータは必ず後の釣りに役立つので、一度は調べてみよう

流下を調べる

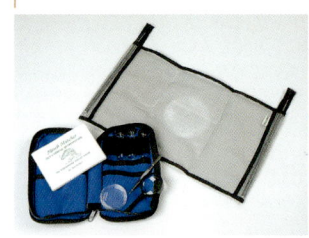

流下を調べるためのインセクトネットなども市販されている。これを流れに入れて、流されてくる個体の種類や量を知る

魚の胃の内容物から流下しているものを知ることもできる。魚に好まれている虫を知ることができ、重要なデータになる

羽化の形態とパターン

水面で羽化するタイプなら、ボディを沈めて使うフローティングニンフやクリップルダンなどがおすすめ。羽化の形態に合わせる

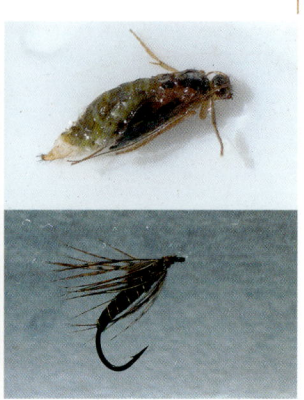

水生昆虫には水中羽化をするものも少なくない。成虫の姿で水中を泳ぎ、駆け上がるのだ。それらはウエットなどにすると効果的

リアル・イミテーション

フライを本物そっくりに作ったものはリアル・イミテーションといわれる。人の目から見てもそっくりなのだから、魚もだまされやすい。リアルなものはよく釣れるが、それを作るのは意外と大変。そのため、多くのフライはその特長の一部を模しているのが多い。ハックルを足に見立てたり、ボディ

のシルエットやカラーでそれらしく見せたりという具合だ。それでも魚には十分にリアルなものに見えているのだ。

フライに求められる特に重要な要素はサイズとカラー。それを虫の種類ごとにまとめたのが左の表だ。これと前ページのハッチチャートを照らし合わせて参考にすれば、必要なフライが自ずとわかるだろう。

メイフライの場合、フライを用意する簡単な目安として、春先はオリーブやブラウンといった暗めの色の小型のものを、暖かくなるにつれてタンやクリームといった明るい色の大型のものを、という法則が成り立つ。こうした分類から始めてみよう。

サイズとカラーの関係

	種類	羽化形態	サイズ#	カラー
メイフライ	シロハラコカゲロウ	水面	16〜18	ラスティ・オリーブ
	フタバコカゲロウ	水中	16〜18	P・W・イエロー
	アカマダラカゲロウ	水面(水中)	16〜18	ラスト
	クロマダラカゲロウ	水面(水中)	14〜16	ダークレット・ブラウン
	オオマダラカゲロウ	水中(水面)	10〜12	ジンジャー・クリーム
	モンカゲロウ	水面	8〜10	ケイヒル・タン
	フタスジモンカゲロウ	陸上(水面)	8〜10	P・W・イエロー
	エルモンカゲロウ	水中	12〜14	クリーム・バリアント
	チラカゲロウ	陸上	8〜10	チョコレート
	ナミフタオカゲロウ	陸上	10〜12	ダーク・オリーブ
カディス	ニッポンヒゲナガカワトビケラ	水中(ピューパ)	6〜8	クリーム
	ウルマーシマトビケラ	水中(ピューパ)	10〜12	オリーブ
	オオシマトビケラ	水中(ピューパ)	10〜12	グレー
	ヤマナカナガレトビケラ	水中(ピューパ)	14〜16	淡いグリーン
	ニンギョウトビケラ	水中(ピューパ)	12〜14	ブラウン
	コカクツツトビケラ	水中(ピューパ)	16	グレー

リアルなフライの代表、サイドワインダー

ファジーとリアル

ニンフは大きく2種類に分けることができる。それがファジーとリアル。ファジーはあいまいという意味で、特にこの虫をという限定がない。つまり、オールラウンダー。リアルは対象を限定したもの。釣りをするうえでは、ファジーの方が応用がきいて便利。

さらに、ニンフにはスリムとブッシーといった分け方もある。これはボサボサしているか、細身にキュッとしているかの違い。どちらにするかはニンフの体形によって使い分けるといい。また、メイフライの場合は、この体形の違いが、泳ぎ方の違いにもつながることを考慮しよう。

フライのスタンス

ハックルが水面で支えとなるスタンダード。全体はぼかしながらも、足が水面にあるような感じを作り出す。ライトケイヒルなどが代表的

水面にボディをしっかりと浸けてしまうパラシュート。ボディでアピールする。さらに繊細なものにはソラックスやコンパラダンがある

フライのシルエット

スリムなボディのヘアズイヤー。オールラウンドに使えるパターンだが、右のニンフと見比べてもリアルなことがわかる

スイマー
チラやフタオなどは遊泳型。体を休めるときは石などに接着するが、移動時はパワフルに泳ぐ

クローラー
アカマダラなどのニンフで、通常は川底をゆっくりはう。泳ぐときはくの字に屈伸するウイッグル

ブッシーなMSCニンフ。いろいろなニンフをカバーするファジーなパターン。何にするか迷ったらこの手のパターンから結ぶといい

バローワー
モンカゲロウなどは堀潜型。水流があまり強くない場所で、砂のなかに身を隠している

クリンガー
ヒラタカゲロウなどのニンフで、流れの速い場所の石に接着するタイプ。移動はゆっくりと行なう

フィッシュ・ウインドウ

魚の視野

魚の視野は97度。これは光の屈折という物理学上の原理によって決まる角度で、円錐視野（コーンビジョン）というもの。さらに、水と空気の屈折率から、魚が見渡せる範囲は160度にもなる。まさに魚眼レンズのようだ。残された10度は光の反射によって見えなくなってしまう屈折臨界角によるもの。ただし、魚には水中のものが反転して見えている

人から見える魚だが、魚からも人は見えている

魚から見たフライ

シルエット効果
ウインドウ内では、フライを太陽にかざして真下から見たようなシルエットで見ることができる。光が強いほどシルエットになりやすく、色調や濃淡もあいまいになりやすい。フライのスタンスが高いほどあいまい度は顕著

ミラー効果
水面にも反転したボディが映る。まるで鏡を置いて映しているかのような現象。ウインドウ以外では、魚にはこのような見え方をしている。屈折率によって、ウイングが離れた場所に浮かび上がった

ライトパターン
ハックルが水面を押してくぼみを作っている。そこが集光レンズの役割をして、光り輝いているのだ。この光によって遠くからでも魚にアピールしてフライの存在を知らせる。くぼみが大きいほどアピール度は高くなる

水面のくぼみ
水面のくぼみはライトパターン効果になって魚にアピールするが、逆にティペットが作るくぼみは魚に警戒心を与えてしまうことも少なくない。そのため、フロロなどでティペットを沈めるのも対抗策のひとつ

フィッシュ・ウインドウとは魚の視界のこと。魚は水中から驚くほど広い視野で、水の外の世界を観察している。それゆえ、注意しなければ、釣り人も魚にしっかり見られてしまうのだ。

視界は円錐形に97度で、数式から導き出されるウインドウの半径は、水深の1・2倍にもなる。これだけでも十分に広い可視範囲だが、さらに光の屈折率の関係で、圧縮された状態にはなるものの160度までの広い範囲を見渡すことができる。水面からわずか10度の範囲だけが死角になる。この死角になる水面ではミラー（鏡面）現象によって、魚から水中のものが反転して見えている。

魚から見えるフライは、その位置によって見え方が大きく異なる。ウインドウ内のフライは、やや沈んだ状態なら空気中で見た場合と変わらない。ただし、強い日差しの下ではシルエットになって見えている（シルエット現象）。

ウインドウに入る直前では、ウイングのような背の高い部分が、蜃気楼のようにぼやけて見える。これがミラージュ効果というもの。しかし、ぼやけるのはほんの一瞬のことだ。ウインドウの外では、フライが沈んだ状態ならば、沈んだ部分がミラー現象によって水面にも映る。浮いている状態によって、ハックルが作る水面のくぼみが集光レンズの役目をして光り輝く（ライトパターン）。なかでも、水面が輝くライトパターンの役割は大きく、遠くから流れてくるものがあることを、魚に信号として伝えているとされる。

魚の生態

PART 5 フィールドワーク ／ 魚の生態

トラウトは成長するに従って、しだいに壮観な顔つきに変わっていく

テイルは強い流れで泳ぐために大きく、背中側の前方にはアブラビレが突き出ている。これがトラウトの証

渓流でトラウトを狙うためには、トラウトのことを知っている必要がある。前ページのフィッシュ・ウインドウのように、魚の特性を知れば必ず釣りに役立てることができる。

渓流で狙う魚にはヤマメやイワナ、ニジマスなどがいるが、それらに共通しているのはアブラビレがあること。これはヒレとして泳ぐのに役立っているわけではないのだが、外観的な大きな特徴だ。ハヤも渓流魚で、フライで同じように釣れるのに避けられてしまうのは、アブラビレがなく、トラウトと一線を画していることがわかる。それを大別すると、ディンプル、ボイリング、スプラッシュという3つの種類になる。違いは水しぶきの上がり方にあるが、捕食の仕方から食べている虫が違うことも推測できる。

ディンプル・ライズはゆっくり静かに虫を食べている状態。ミッジや小型のカゲロウを食べているときに多く見られるものだ。

ボイリング・ライズはゴボッという音を伴うライズ。これは中型以上のカゲロウなどを食べるときに多い。スプラッシュは極めて派手なライズで、虫を追い回して捕食したことが考えられる。カディスなどを狙った結果で、反転してもといた場所に戻ろうとするために派手な水しぶきが起こる。

るからだ。視覚はフィッシュ・ウインドウで示した通り。聴力は内耳と側線によって得られる。水中では音は空気中よりも速く伝わる。それを体で感じているのだから、釣り人は移動に細心の注意を払う必要がある。

口には細かい歯が並び、胃で消化、腸で栄養を吸収する。多くの魚においてはまることだが、流れに対して頭は常に上流に向けられる。これは水に溶け込んでいる酸素をエラから取り込むためだ。

魚の行動で気になるのが、ライズ（捕食行動）。魚を観察しているとライズにもいくつか種類があること

体の構造

浮き袋　腸　腎臓　アブラビレ

心臓　肝臓　胃　脂肪　肛門　卵

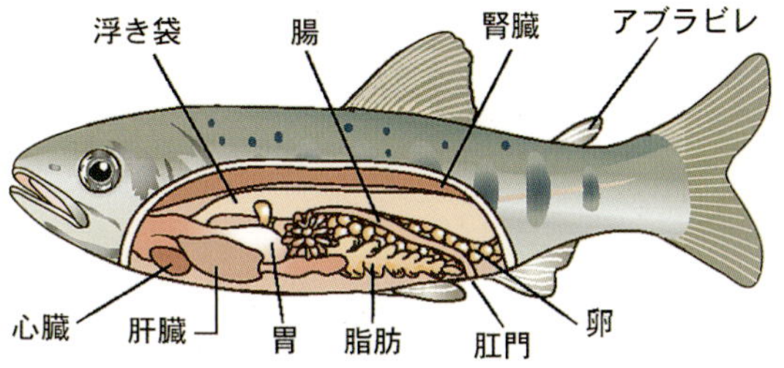

エラの裏側に心臓、消化系は短い胃と腸だけ。胃の部位には肝臓、背中の後部には腎臓があり、腸の部位に生殖器官がある。魚の特徴は背中の部位に浮き袋をもっていること。泳ぐのに重要な器官だ

ライズを見分ける

ディンプル・ライズ
虫を吸い込むように、鼻先をちょっとだけ出すもので、静かにライズリング（波紋）が広がる。春先に多く見られるライズだ

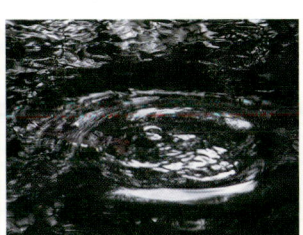

ボイリング・ライズ
流れている中型以上のダンやフローティングニンフを水面で捕食した場合の水しぶき。ゴボッという音が特徴。盛期にはよく目にする

スプラッシング・ライズ
魚が反転するときに尾で水面をたたくために水しぶきが起こる。速いスピードで泳ぐ虫などを捕食した後、急いで戻ろうとした状態

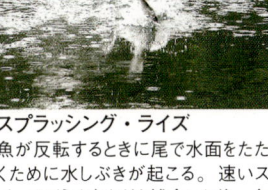

ライズのパターン

ディンプル・ライズ　ポツーン

ボイリング・ライズ　ゴボッ

スプラッシング・ライズ　バシャッ

水生昆虫に対する釣り人のスタンス

釣り人インタビュー⑤ **林 彰浩**

源流の涼風を受けながら釣りをする林さん。自然の偉大さにふれる瞬間

フライだから釣れる魚

フライフィッシングを始めたのは、ルアーでは釣れない魚がいることを目の当たりにしたから。25年ほど前、大量のユスリカで覆われた水面を、巨大なレインボーが泳いでいる姿を見ました。ルアーを投げても動じることなく、それ食べていたんです。手も足も出なかった。そのときにフライを始めようと思ったわけです。最初はショップで完成品のフライを買いました。東京まで出向き、1パターン3本ずつ。でも、すごい金額になったのを覚えている。そこで、フライをカッターで分解して、タイイングの仕方を研究したものです。タイイングでフライを作るとなると、どの虫に似せるかが重要になってくるわけですよね。だけど、初心者のころに○○カゲロウっていわれても、なんだかわかるはずもないじゃないですか。そこで、タイミングブックを手本にし、サイズと色でフライを使い分けるようにしたんです。代表的な水生昆虫だけだったんですけどね。ちょうどそのころは日本特有の虫のタイイングの本が発売されはじめたころでしたから、釣り人の間でも水生昆虫への関心は高まっていました。

フライを分類してみる

基本的な分類は簡単なものでした。小さなフライはアカマダラを代表するように暗い色、大きなフライはモンカゲロウを代表とする明るい色。でも、それだけでマッチ・ザ・ハッチにうまく当てはまったんですよ。いまはいっそう水生昆虫の分類が詳しくなっています。僕らがフライフィッシングを始めたころに比べれば、会話に登場する虫の種類も多くて困惑することも少なくないですけど、時代が変わったから虫も変わった、というわけではないですからね。熟練者でもこの程度の分類ですから、初心者だからといって知識を無理に詰め込む必要はありません。知らなくても釣れるフライがあれば、釣りを楽しめるんですから。

マッチ・ザ・ハッチは難しい

水生昆虫の名前は、いずれ必要に迫られて覚えることになるはずです。例えば、忍野のような川で、魚をじっくり観察して、選り好みしている虫の大きさと色を頼りにフライを選ぶこともあるでしょう。そんなときは魚を釣ってから食べていたものを確認して、初めてそれがコカゲロウであることを知る、というのが一般的。釣れたという結果が先でもいいんです。その後の釣りに役立てればいいんですから。そういった経験を重ねて、きっと虫の名前は覚えていくんだと思いますよ。川にいたら、フライを投げることの方が誰だって先でしょうから。虫に興味がわき、名前をいくつか覚えたころ、ようやくマッチ・ザ・ハッチの意味がわかるようになると思います。食べている虫がわかれば、それに適したフライを巻いて用意しておくことも容易になりますから。でも、次につまずくのがステージですよね。フローティングニンフなのか、イマージャーなのか、ダンなのか。そんなことで、きっと誰もが頭を悩ませるんでしょう。そういった難しさを考えながら釣りをする、それがフライフィッシングの奥底にある楽しみなんですよね。だけど、それが理解できて、しっかり覚えるのは大変なことで難しい。だから最初は、どんな手段であれ魚が釣れればいいんですよ。徐々に楽しみ方がわかれば十分。それがわかり覚えるのは大変なことで難しい。しっかり覚えるのは大変なことですよ。

自然を楽しむ

フライフィッシングをすることは、実は自然を学ぶことと密接な関係があるんです。例えば、ヒゲナガなんかは立派な川の指標としての役割をしています。虫が多くなったということが、川が汚くなったとか、自然が失われたという信号にもなっているんです。通っている川や周辺のことも手に取るようにわかるようになるでしょう。フライフィッシングを楽しむ人に、フライだけを長く続けている人が多いのは、そんな理由からなんだと思います。フライフィッシングがちょっと大人の釣りに見えるのは、ただ魚を釣るだけではなく、そういった広い心で自然を見ているからかも知れません。魚を釣ることが第一の目的ですが、そんな自然の変化にも気をとめてみると、さらに釣りがおもしろくなります。

渓流沿いで見かけるありふれたストーンのケースにも、自然の営みを見ることができる

PART 6
キャスティング

ステップアップするために必要な技術と知識を解説

キャスター＝小野 訓　解説＝編集部

キャスティングのバリエーションを増やすことによってさまざまな流れや地形に対応できるようになる

ロングキャストの秘訣

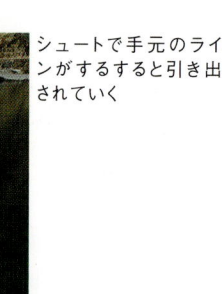

シュートで手元のラインがするすると引き出されていく

フライフィッシングでは、キャスティングのトラブルに悩まされることも少なくない。渓流で多用される15ヤード程度までのレンジならとりたてて問題になることはなくても、20ヤードを超えるロングキャストとなると、さまざまなトラブルに見舞われたり、どうしても飛距離を伸ばせないなど、思い悩むことも多くなる。そこで、ここでは小野訓さんにロングキャストを成功させる秘訣を教えてもらおう。

その最大の秘訣は「基本に忠実なキャストを心がけること」。飛ばない原因の多くは、遠くに投げようというように力みによって引き起こされると小野さんは話す。崩れたフォームがループを乱し、ラインスピードというエネルギーをそぎ落としているのだ。ロングキャストをするには、確かに短い距離よりも力が必要となるが、基本のフォームのまま行なうことができれば、あとはロッドがキャストをアシストしてくれる。つまりいったら肩の力を抜いて、基本を思い出してみるといい。ループの乱さえなければ、意外と簡単にラインは飛んでくれる。ロングキャストは決して特殊なキャストではないのだ。

基本は180度の展開

自分を中心にして、フォワードとバックキャストのラインを直線（180度に開いた角度）で保つ。後方でラインが落ちるからと、後方だけ高く跳ね上げるようなロッド操作は禁物だ

ロッドティップの移動

1 フォルスキャスト中のロッドティップの動きに注目。バックキャストで停止したときのティップの高さに注意したい。この位置が低すぎると後方でラインが下がりやすくなる

2 フォワードに移る。ロッドは大きく曲がるため、ロッドが立ち上がってもティップの位置が高くなりすぎることはない。それはラインの軌跡からも判断できる。白いラインが基準になる

3 フォワードでのティップの停止位置は、バックでの高さと同等か、やや低い位置。バックとフォワードのティップ位置を結んだ延長線上にループは伸びていくことになる

フォワードキャスト

後方へまっすぐに伸びたラインは、前ページで紹介したロッドティップ移動の動作により、180度に開いた直線上を移動をしている。また、ラインが水平に保たれていることにも注目したい。長いラインは重力の影響を受けるが、その影響を最小限にとどめるためにも、ラインスピードが必要になる。ラインスピードが遅ければ、失速してラインが落ちてしまう。ホールによってロッドに負荷を与え、しっかりとしならせてラインのスピードを維持する。よって、ダブルホールをマスターすることが重要になる。また、前方でロッドをきっちりと止めること。このメリハリがなくなると、ロッドのパワーをラインに伝えられないなどの原因にもなる

バックキャスト

前方に繰り出されたラインは水平だったが、十分なラインスピードがあっても長いラインはターン直後に落下を始める。そのため、写真のように、前方のやや低い位置から後方のやや高い位置へ、180度の角度を保持したまま展開する。注意するのは、あくまでも180度の角度を保持すること。大きく跳ね上げるなどの動作によってラインの方向を変えてしまわないことだ。このライン修正によって、後方に伸びたラインは重力の影響を受けても、再び❶のような水平の位置に戻すことができる。このようなフォルスキャストを繰り返し、シュートで残りの手元のラインを引き出すようにする

カギを握るラインスピード

ラインにスピードとパワーがなければ、ターンするまでの間に低い位置まで落下してしまう。写真のようにホールをすることで、ロッド自体がスピードとパワーを補ってくれる

ダブルホールを活用

基本に忠実にといっても、それだけでは回避できない問題もある。フォルスキャストでは、長いラインほど重力の影響を大きく受けるのだ。そのため、ラインが前後に伸びるときに、予想する位置よりも低くなりがち。それを最小限にとどめるには、ホールによってラインスピードを高める必要がある。ロングキャストにおいては、ダブルホールは欠かすことができないテクニックなのだ。

最後にシュートによって飛距離を伸ばす。シュートではスタイルが重視される傾向にあるが、基本が守られていればロッドを素早く突き出さなくても、ラインは自然と引き出される。逆に、シュートを意識して力んで、飛距離が伸びないこともある。

ロールキャスト ——バックスペースがない場所でも可能な便利なキャスティング

後方に障害物があって、フォルスキャストができないようなときに役立つのがロールキャスト。バックスペースをまったく必要としない、特殊なキャスティングのひとつだ。

これは、前方の水面に大きなロール（輪になったループ）を展開してキャストする。キャストとしてはもちろん、ピックアップや障害物の回避などでもこのキャストを応用することが多い。使用頻度が高いので、ぜひマスターしておきたい。

基本としては、バックキャストのポーズの位置までロッドを立て、ラインを手前に引き寄せ、ラインが体の側面に垂れ下がるときに、ロッドを前方に倒し込む。すると、体の側面にあったラインが大きな輪になり、それが前方に移動していく。1回のキャストで手元にあるラインを長く引き出すことはできないが、繰り返すことによってある程度の遠い距離まで狙うことができる。

このキャストの用途は多彩だ。バックスペースがない場所で使うだけでなく、フライの打ち返しや、ラインのピックアップ（ロール・ピックアップという）、さらにはフライが対岸の木や草などに引っかかってしまったときにハリをはずす目的で使うなどなど、実に便利なキャスティングだ。

ロールキャスト

❶ラインを前方に最低でも2〜3m残したまま、ロッドを立てる。通常は5〜6mと、やや長めにラインを残しておいた方がキャストは楽。❷バックキャストの停止位置までロッドを立てたらストップ。そのままポーズをとる。❸ラインがしだいに手前に引き寄せられる。垂れ下がったラインが、体の側面後方まで来たことを確認する。❹まだラインが引きずられているうちに前方にロッドを倒し込む。左手はしっかりラインをつかんでいること。❺ラインが大きな輪となって前方に展開していく

ラインの位置が重要

ロッドを前方に倒し込むタイミングによって、ロールキャストのパワーや飛距離が異なってくる。❶ゆっくりとラインが手前に寄せられる。❷体の側面後方、耳の位置を過ぎてからロッドを前方に倒す。ラインがまだ動いている間にキャストすること

スラックキャスト——ラインにたるみを入れてドラグを回避する

複雑な流れでも、容易にドラグを回避できるキャスティングが有効なテクニックだ。

このキャストはいくつもの複雑な流れの先のポイントを攻めるのに効果的。水面に落としたフライラインのどの箇所が流れで引っ張られてもいいように、全体にスラック（たるみ）を入れてしまうのだ。日本の渓流のような複雑な流れでは、まさに緩衝材の役割を果たす。

キャストの動作としては、フォワードキャストをしてループが前方に伸びていく間に、ロッドティップを左右に振る。振ることによってフライラインをジグザグの形にして水面に落とし、スラックを入れるわけだ。このジグザグ部分がドラグに対して、クッションの役割を果たす。

このキャストにはひとつだけ問題がある。ロッドを左右に振るほど、フライを特定したポイントに落としにくくなるのだ。フライラインのジグザグは、時にリーダーやフライまで伝わってしまうので、軽く、小刻みにロッドを振るように心がけるといい。

また、スラックの分だけ、直線距離よりも長くラインを出しておく必要がある。

スラックキャストを活用するのは複雑な流れをラインが横切る場合や、ダウンストリームでドラグをうまく回避できないときに活用してみるといい。

❶オーバーヘッドでフォルスキャストをした後、プレゼンテーション。フォルスキャストの段階で、ポイントまでの距離に加え、スラックの分を加えた距離を出しておく。❷ループが前方に展開している間に、ロッドティップを左右に細かく振ると、ラインがジグザグになる。そして、そのまま静かに着水させる。❸複雑な流れがラインを引っ張った状態。たるんだ部分が押されて、ようやくまっすぐな状態のラインになった。この間、フライにはドラグがかかることがなかった

正面から見たスラックキャスト。ロッドをやや高めの位置にしたままで左右に振るといい

キャスティング・クリニック

ラインが水面をたたく

この一番の原因はロッドの倒しすぎ。特に初心者は、バックキャストで知らず知らずのうちにリストが開いてしまい、ロッドを背負うようなフォームになりがちなので注意したい。また、フォワードで飛ばすことを意識しすぎてロッドを突き出してしまい、ロッドが倒れてしまっていることも少なくない。ロッドティップが低い位置まで下がっているので、ラインが下方向に向かってしまう。対策としてはリストを閉め、大きく円を描くように移動をしているロッドティップが、直線で移動するように心がける。腕の動きを意識すれば解消できる。

ロッドの倒しすぎ

バックキャストでリストが開いてしまうと、写真のようにロッドティップは必要以上に下がってしまう。そのためラインが水面や地面をたたいてしまうのだ。リストを閉じることが先決。ロッドを背負わないように

フォワードキャストではリストを閉じていても、遠くに投げようとしてロッドを倒し込んでしまうことが多い。これもまた水面をたたいてしまう原因。基本に忠実にロッドを停止させることが肝心だ

ラインの失速

ラインにスピードが乗らず失速した場合もラインが落ちる原因になる。ラインに適度なスピードとパワーを与え、頭上でループを展開する

投げ急ぎ

ラインがターンオーバーする前にロッドを移動させ、次のキャストの動作に移ろうとしてしまう投げ急ぎ。待つ時間をしっかり取ろう

バチンと音がする

フォワードやバックキャストに移る瞬間に、バチンと大きな音がすることがある。この原因は投げ急ぎ。キャストに移るタイミングが早く、ラインが伸びきらない状態で、急激に逆方向の力を加え、強引にラインをターンさせているために起こる。対策としては、ラインが伸びるのを待ってから次のキャストに移ること。ラインが伸びるときにしっかりとロッドにラインの重さが乗ったことを確認する。タイミングを変えるだけで問題を解消することができる。また、フライの有無も確認しよう。フライが付いていないと、特にバチンと鳴りやすいのだ。

フライが体に当たる

これは、ラインが低く落ちてしまっているために起こる。ロッドの倒しすぎなどにより、ラインが低い位置にあるまま、フォワードやバックキャストに移っているため、自分の体に当たってしまうのだ。さらに、後方でのラインの跳ね上げなどが原因になっていることもある。まずはストの開きをチェックし、基本を守ったキャストを心がける。
また、キャストのフォームはできていても、ラインが長く出ているためにスピードがなく、失速してラインが低くなってしまうこともある。ラインが低くなってしまうこともある。ホールをしてラインのスピードを保持しよう。

テイリングを起こす

キャスト中にループが交錯する現象。最も厄介なトラブルだ

テイリングとは、ラインやリーダーが交錯してしまうこと。これにはさまざまな原因が考えられる。

まず、手首だけでキャストをしている場合は、急なロッドの動きによってループが乱れやすい。ヒジを含めて、スムーズな動きを意識するといいだろう。

フォワードキャストでロッドを立てたまま突き出していたり、ヒジ全体を水平に移動させているときも、同じように乱暴で急なキャストになりやすく、ループが乱れてテイリングを起こしてしまう。この場合は、キャストに意識が行きすぎてロッドが大きな原因なので、やはりスムーズな動きを心がけたい。

さらに、フォワードキャストとバックキャストのラインが、大きく異なる角度で飛んでいるときにもテイリングは起こりやすい。フォワードキャストの目標地点に対して、バックキャストが高すぎる状態になっているときなどは注意が必要だ。ラインを展開するときは、前後に180度の角度を保つことがよいとされている。その角度をキープすることに気を配りながら、キャストをしてみよう。

これらのことからもわかるように、乱暴にロッドをスタートさせることや、ロッドティップの曲がりの乱れなどが、テイリングの主な原因になっている。

原因となる個々のモーションにより、矯正すべき点は異なってくるのだが、ロッドをスムーズに動かしはじめることを心がけることで、テイリングは解消されることが多い。仲間に自分のキャスティングを見てもらい、ヒジや手首の動き、ロッドの角度などで、どこがどのように悪いのかをチェックしてもらうのも効果的だ。

このようなテイリングのトラブルは、キャスティングをしていれば誰もが抱えてしまう問題である。地道な練習でキャスティングフォームを改善すれば、自然と解消されることなので、あきらめずに取り組んでいきたい。

方向を変えた

ラインは前後に180度の角度を保ったまま展開するのが理想。通過するラインを怖がったり、ラインが落ちないようにと、バックキャストだけ方向を変えるような動作がテイリングを招く

ロッドを押し出している

手首だけを押し出すフォームは入門者によく見られる。ロッドを前後に動かすことを意識しすぎてしまうと、このようなキャストになりやすい。リストとヒジを使ったフォームを身につける

リストで投げている

手首だけで投げている場合、バックキャストでオープンリストになりやすい。また、急にロッドを停止してしまいやすく、きれいなループが作りにくい

ウインドノットができた

なぜかリーダーに結び目ができてしまう。このウインドノットはテーリングの副産物で、乱れたループで作られる輪に、フライがたまたま入って結び目を作ってしまうもの。そのため、テイリングを回避して、乱れたループを作らないことが大切だ。

この結び目が細いティペット部分にできてしまうと、ドラグなどの原因になるばかりか、それがもとで切れてしまうこともあり、魚を取り逃がすことにもなりかねない。

もしウインドノットができてしまったら、ていねいに解くか、ティペットやリーダーを交換しよう。

まずテイリングを起こさないようにすることが先決。そのためにはフォームを改善し、きれいなループを作ることを心がける。テイリングがなくなれば改善されるトラブルだ

ウインドノットの仕組み

テイリングで作られた不規則なループにフライが入り込んでしまって起こる現象

バイブレーションを起こした

バイブレーションはラインが波形にぶれてしまう現象。これは乱暴にやその止め方にある。頭のなかで思く激なロッドのストップによって引き起こされることが多い。ロッドティップの振動が収まらずに、その振動がラインに伝わってしまうのだ。その原因は力みによるもの。ムダな力を入れすぎているために、ロッドが振動を起こしてしまう。

対策としては、力まずにていねいなキャストを心がけること。肩や手首の力をちょっと抜くだけで、きれいなループに改善される。

急激なロッドの停止

ぎゅっとロッドを握って力を入れたままロッドを振ると、ロッドの振動がそのままラインに伝わって波形になりやすい。力を抜いてロッドを振ってみるといい

ループが作れない

きれいなループが作れない根本的な原因は、ロッドを停止させる場所やその止め方にある。頭のなかで思い描く基本は、時計の2時と11時の角度。前方は目で確認できるので難しくはないが、後方は確認できないので、ロッドも倒れがち。そのため、やや高めの11時を意識しよう。

ここで重要なのは、ロッドを停止させること。しっかり停止させていないと、ラインにスピードやパワーが乗らず、ループができにくいのだ。キャストにメリハリをつけることが大切だ。

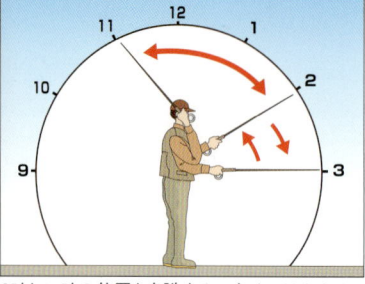

ロッドをピタッと停止させる。ラインにパワーとスピードを与えるためにもこの動作が重要になる。メリハリのある動作でないとループが作れない

2時と11時の位置を意識する。バックではややリストが開いてもよいが、少なくとも10時までの範囲にとどめるようにしたい

ループを投げ分けたい

張り出した木の枝の下にフライをキャストする場合、タイトなループならターンオーバーしてもタイトなループでは木の枝に引っ掛かることはないが、ワイドなループでは木の枝にフライを取られてしまう。このようなときは、ループを投げ分けることが要求される。

ループはロッドが通過した位置と、ループを発生させる停止した位置との高さの違いによって生じる。その差が少なければタイトに、大きければワイドになる仕組みだ。この原理を覚えておき、必要なときに試してみるといい。

右がナロループ、下がワイドループ。同じ条件でもループの幅が違うことに注目したい。ロッドの特性にもよるが、状況に応じてこのような投げ分けをすることが可能となる

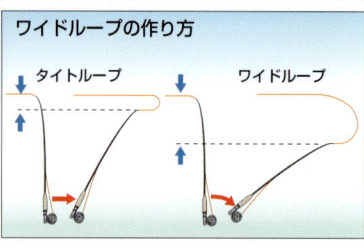

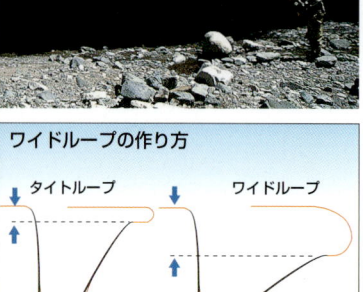

理論的には、ロッドを倒し込む角度によってループの幅を変えることができる。フォワードだけではなく、バックキャストでも同様だ

ワイドループの作り方
タイトループ　　ワイドループ

風や障害物への対処法

風の影響を受けて上手にキャストができなかったり、頭上に障害物があってキャストがままならない場合など、基本となるオーバーヘッドキャスティングだけでは、ポイントにフライをうまく落とせないこともしばしばある。

そんなときはサイドキャストなどをしてみるといい。ロッドを横に倒してキャストすることで、障害物を回避できるはずだ。また、ラインが低い位置を通過するので風の影響も受けにくい。

サイドキャストを活用

高い位置では特に風の影響を受けることが少なくない。スリークオーターやサイドキャストでも、キャストの基本はまったく同じ。使用する機会も多いのでマスターしておこう

バックスペースがない

後方に障害物などがあってキャストが思うようにできない場合は、チェンジキャストなどを試してみるといい。

これは最後のプレゼンテーションのときに強引にロッドを振る方向を変えて、目的の場所にフライを落とすテクニック。あまり大きく方向を変えることはできないが、30度くらいまでの範囲なら対処できる。ただし、この方法はロングキャストには向かない。

また、バックスペースがない所で近距離を狙うときには、ロールキャストで対処してもいい。

チェンジ・キャスト
川の流れと平行にフォルスキャストを行ない、プレゼンテーションはロッドをポイントに向ける。強引に方向を変えるので基本からははずれた投げ方だが、このようなキャストを覚えておくと、場所や条件によっては役立つ

ピックアップがうまくいかない

ウエットやロングリーダーのような釣りで、ちょっと厄介なのがピックアップ。ロッドを跳ね上げるだけでフォルスキャストに移れる場合はいいが、フライを一度浮かせたりリーダーを水面に伸ばしてからの方が、格段にキャストに移すのが楽になることも多いのだ。

そこで、覚えておきたいのがロールキャストを応用したロールピックアップ。ロールキャストの最後でロッドを倒し込まず、高い位置で停止させる。これによってリーダー全体を一度、水面または空中で伸ばし、水の抵抗を減らしてピックアップの動作に移ることができる。リーダーが流れにもまれてしまって強引に引き抜くのが大変なときに重宝する。

また、通常のドライフライの釣りでも、足元近くまでフライが流されてしまったときに、これを活用すると便利。ロッドを寝かせて横から回し、前方に振るかたちでロールをしてみるといい。

フリップによる方法

体の前でロッドを左右に振って、沈み気味のラインやリーダーを浮き上がらせる動作。流れがゆるやかな場所で、ロングリーダーを使用する場合などに多用される。この後にロールピックアップをして、フォルスに移行するとキャストしやすい

スムーズにフォルスキャストに移行するピックアップ

ロールキャストによる方法

ロールキャストを高い位置で止め、一度リーダーを伸ばす。ロッドを横に倒しながら後方に回し、ロールキャストの要領でロッドを立てて前方へ振ると、足元にたるんでいるラインも楽に処理できる。活用したいテクニックだ

シュートで飛距離が伸びない

フォルスキャストのときにはラインにスピードがあり、きれいなループができているのに、いざシュートをしてみるとラインが引き出されない力み。この最大の原因は飛ばそうとする力み。フォルスキャストの最中にラインを持つ手が滑ったら、勢いよくラインが引き出されていったという経験がある人も少なくないはず。つまり、それまでは問題がなかったのに、シュートのときに力んでしまい、ラインの角度を変えてしまったり、リストが開いたままでロッドを押し出していたりといった症状が現われているのだ。

シュートのフォームを意識せずにラインから手を離し、それにロッドを添えるようにしてみると力むことでもないので、飛距離は改善される。

力みすぎでフォームが崩れていないかをまず確認。飛ばそうとする意識が高いと力が入り、それが弊害となる

フライフィッシング関連メーカーリスト

*データは2006年2月時点のもの。住所などを公表していなかったり、ホームページがない場合にはその項目を掲載していません。

メーカー名●主な取扱商品●住所●電話●ホームページ

アーネスト●ロッド、リール●岐阜県各務原市蘇原新栄町2-75-2●0583-89-4377●http://www.ernest-1.co.jp/
アングラーズリパブリック●ロッド、ウエア●神奈川県平塚市馬入本町5-7●0463-24-2626●http://www.palms.co.jp/
アングル●ロッド、リール●神奈川県川崎市宮前区土橋1-9-6●044-856-3493●http://www.angle-japan.com/
石井鉄工●リール、ロッドケース●神奈川県横浜市緑区白山1-14-37●045-933-2011●http://www.wellstone-reel.com/
エイアンドエフ●ウエア、アクセサリー●東京都新宿区大久保1-1-7 高木ビル3F●03-3209-7575●http://www.aandf.co.jp
エスエムジェイ●サングラス●神奈川県大和市桜森3-3-11●046-265-6118●http://www.smithjapan.co.jp
オズニック アングラーズハウス（事業部）●ウエア、バッグ●東京都墨田区両国4-16-6●03-5638-8860●http://www.anglershouse.co.jp/main/main.html
オーナーばり●フック●兵庫県西脇市富田町120●0795-22-1433●http://www.owner.co.jp/top.html
オフト●ロッド、リール●大阪府東大阪市川俣3-1-43●06-6789-7081●http://www.oft-fishing.com/
がまかつ●フック、ロッド●兵庫県西脇市郷瀬町417●0795-22-5891●http://www.gamakatsu.co.jp/
KINEYA TACKLE MAKER●ロッド、リール●京都府京都市右京区京北田貫鳥谷町25-4●0771-54-7220●http://www.kineyatackle.com/
キャップス●ロッド、リール●大阪府大阪市旭区新森2-12-19●06-6955-2066●http://www.capsjp.co.jp/
喜楽釣具●ロッド、リール●東京都台東区寿1-5-10●03-3845-1130●http://kiraku.dip.jp/
クレハ●ライン●東京都中央区日本橋浜町3-3-2●http://www.seaguar.ne.jp/index.html
GRAIN（バレーヒル）●ロッド、リール●http://fly.gozaru.jp/index.htm
コータック●ロッド、リール●東京都足立区千住緑町3-12-9●03-3881-3533●http://www.coatac.co.jp/
ゴールドウイン（カスタマーサービスセンター）●ウエア●東京都渋谷区松涛2-20-6●0120-307-560●http://www.goldwin.co.jp/
コロンビアスポーツウエアジャパン●ウエア●東京都渋谷区神宮前1-3-15 コロンブスビル●0120-193-821●http://www.columbiasports.co.jp
ザップ●ウエア●埼玉県川口市上青木2-28-18●048-266-6822●http://www.pazdesign.co.jp/index.html
サンライン●ライン●山口県岩国市玖珂町1600-21●0827-82-6761●http://www.sunline.co.jp/
GMGサービス●ウエア、バイス●埼玉県入間郡毛呂山町岩井2259-2●049-294-3214●http://www.gmg-rg.com/
シマノ（釣具事業部）●リール、ロッド●大阪府堺市老松町3-77●0120-86-1130●http://fishing.shimano.co.jp/
ジャクソン●ロッド●静岡県静岡市駿河区敷地1-20-15●054-238-0223●http://www.jackson.jp/
昌栄●ネット、アクセサリー●大阪府八尾市太田新町8-215●0729-49-3013●http://www1.neweb.ne.jp/wb/siyouei/
ストーク●ネット、アクセサリー●埼玉県川口市川口2-15-1-204●048-259-7820●http://www.stalk.co.jp/
スノーピーク●バイス、アクセサリー●新潟県三条市三貫地958●0256-38-1110●http://www.snowpeak.co.jp/splash.html
スミス●ロッド、リール●東京都世田谷区上馬4-23-1●03-3412-0075●http://www.smith.co.jp/
第一精工●アクセサリー●大阪府大阪市東成区神路2-6-1●06-6971-7666●http://www.fishing-daiichiseiko.co.jp/
ダイワ精工（お客様センター）●ロッド、リール●東京都東久留米市前沢3-14-16●0120-506-204●http://www.daiwaseiko.co.jp/
T's●ロッド、リール●兵庫県神戸市須磨区磯馴町6-1-6●078-731-5819●http://www.fly-ts.com/index.html
ティムコ●ウエア、バッグ●東京都墨田区菊川3-1-11●03-5600-0120●http://www.tiemco.jp/
TEAL●ロッド、リール●愛知県碧南市中後町4-167●0566-53-5472●http://www.teal-flyfishing.com/
天龍●ロッド、ネット●長野県飯田市長野原700-42●0265-26-7550●http://www.tenryu-magna.com/
土肥富●フック●兵庫県加東市東条町新定382-3●0795-46-0001●http://www.fishhook.co.jp/
東亜ストリング●ライン●兵庫県神戸市中央区八雲通3-1-24●078-232-1991●http://www.toalson.co.jp/
TRUTTA MAKER●リール、ロッド●群馬県太田市小舞木町88-1●0276-47-0206●http://www.trutta.co.jp
パタゴニア日本支社●ウエア●神奈川県鎌倉市小町1-13-12本覚寺ビル●0088-252-252●http://www.patagonia.com/japan/index.shtml
フジノライン●リーダー、ティペット●神奈川県厚木市緑ヶ丘5-4-17●046-223-6875●http://www.fujinoline.co.jp
フルックス●リーダー、アクセサリー●東京都北区浮間2-25-16レジェンド浮間公園503号●03-5970-6929●http://www.flux-net.co.jp/concept/concept.html
マーヴェリック●ロッド、リール●0465-73-2326●http://www.maverickflyfish.com/front.html
モーリス●ライン、フック●埼玉県入間市中神新狭山940●04-2935-0701●http://www.varivas.co.jp/
モンベル●ウエア、バッグ●大阪府大阪市西区新町1-33-20●06-6536-5740●http://www.montbell.com/japanese/index.html
山豊テグス●ティペット●滋賀県守山市笠原町730-2●077-582-2520●http://www.yamatoyo.com/
山本光学●サングラス●東京都文京区湯島2-1-13●03-3834-1880●http://www.swans.co.jp
UFMウエダ●ロッド、リール●埼玉県上尾市壱丁目461●048-781-3535●http://www.ufm.co.jp/
ユニワールド産業●サングラス●東京都新宿区高田馬場2-11-2●03-3205-8600●http://www.uni-worldcorp.com/
Rivelley Head Offices●ウエア、バッグ●東京都千代田区内神田3-16-5●03-3252-8528
レビュープロダクツ●ロッド、リール●東京都東京都新宿区住吉町8-8-303●03-3354-0839●http://www.review-flyfishing.com/

フライパターンブック

全巻そろえれば圧巻！のパターンブック

ミッジパターン108
増沢信二著 ■本体1800円＋税 ■B5判/96ページ

ミッジ・パターン108種を徹底紹介。シビアなライズを繰り返す大型の鱒を極小のフライで釣る。その醍醐味をひとたびでも味わうとアングラーはミッジフライの虜となる。108種のミッジパターン・ブックは世界に例を見ない注目の本。

ウエットパターン108
三国賢一・増沢信二著 ■本体1800円＋税 ■B5判/96ページ

フライパターン108種を徹底的に紹介。過去に爆発的なブームを呼んだウェットフライ。最近再ブームの兆しがあり、英国のトラディッショナルなパターンと共に、日本のエキスパート陣が考案した最新パターンも紹介する。

ニンフパターン108
渡辺 隆・増沢信二著 ■本体1800円＋税 ■B5判/96ページ

フライパターン108種を徹底的に詳解。ドライパターンと並び、入門者に最適なパターンがニンフだ。わが国では独自のニンフ・メソッドが開発されているが、この本ではスタンダードなパターンを中心に、世界のパターンをラインナップ。

ドライパターン108 ❶
三国賢一・増沢信二著 ■本体1800円＋税 ■B5判/96ページ

最も一般的で人気の高いのが、ここに紹介するドライパターンだ。入門者の7割以上の人がこのタイプで最初のトラウトを釣っている。日本だけでなく、世界に広く愛されているパターンだけにその数も多い。

ドライパターン108 ❷
三国賢一・増沢信二著 ■本体1800円＋税 ■B5判/96ページ

ポピュラーで、誰もが一度はトライするのが「ドライパターン」だ。ビギナーからベテランまで、世界的な人気を博している。1巻では、フライの中で最も使われる「小中型」を、今回の2巻では最近とみに人気の高い「中大型」を紹介。

テレストリアルパターン108
鈴木 寿・増沢信二著 ■本体1800円＋税 ■B5判/96ページ

造形的に最も多様化が進むのが「テレストリアル・パターン」。アリやコガネムシなど、鱒にとって夏の主要餌生物となる陸生昆虫を模したもの。スタンダードと斬新な世界のテレストリアルパターンを紹介。

山と溪谷社

林 彰浩(はやし・あきひろ)
1963年生まれ。フリーランスエディターとして活躍。ルアー&フライフィッシングに造詣が深く、数多くの専門書を編集、執筆している。フライフィッシングのジャンルは、仕事柄とはいえ、海外のサーモンから国内のミッジングまで、幅広く、オールラウンドに楽しんでいる。昨今はルアーのトラウトフィッシングも研究中。神奈川県横浜市在住。

- ●取材・編集＝林 彰浩
- ●写真＝大久保忠男
- ●監修＝漆原孝治、小野 訓、小宮圭介、里見栄正、杉坂隆久、千葉琢巳、
  　　　渡辺訓正(五十音順)

- ●写真協力＝津留崎 健、刈田 敏(水生昆虫)
- ●編集協力＝株式会社エイ アンド エフ

- ●ブックデザイン＝松澤政昭
- ●カバーイラストレーション＝山田博之
- ●本文イラストレーション＝赤木あゆ子

- ●編集＝山と溪谷社出版部

Outdoor Books ⑦
フライフィッシング入門

2006年4月20日　初版第1刷発行

発行者────川崎吉光
発行所────株式会社 山と溪谷社
　　　　　〒107-8410 東京都港区赤坂1-9-13 三会堂ビル1階
　　　　　電話03-6234-1616(出版部)　03-6234-1602(営業部)
　　　　　http://www.yamakei.co.jp/

印刷・製本──大日本印刷株式会社

乱丁・落丁本は、送料小社負担にてお取り替えいたします。
定価は、カバーに表示してあります。禁無断複写・転載

© 2006 YAMA-KEI Publishers Co.,Ltd.　Printed in Japan
ISBN4-635-00757-X